料理人にできること

美食の聖地
サンセバスチャンからの伝言

レストラン バスク
深谷 宏治

柴田書店

BAR
RESTAURANTE

幼少期〜修業時代

母の手になる水彩画「ウド」。97歳で亡くなるまで趣味で自然の草木を描き続け、「いつかあなたの著書の挿画に」と願った。

著者4歳の頃（前列左）。母ヒロ子、兄健一、妹令子と。

大学生時代の著者（右端）。東京理科大学機械工学科、加藤研究室で。このまま技術者の道を歩むのか、ほかに進むべき道があるのか、将来を迷っていた頃。

生涯の師となるルイス・イリサール氏（左）と。1976年、サンセバスチャン郊外オイヤルソンのレストラン、「グルッチェ・ベリ」で働いていた頃。

函館のレストラン

バスク料理をメインに掲げて 1985 年に函館松陰町に開いた「レストラン・バスク」。外形は石造り風、中は木造と、建築もバスク風にこだわった（上）。その後、旧市街区の末広町にある実家の米店（大正 10 年築）を改築して、バルレストラン「ラ・コンチャ」に（下）。店頭にバスク旗を掲げる。

レストランバスクのメニューから。バスク料理と出合うきっかけともなった料理のひとつ「小イカの墨煮」(上)。自家製の生ハムは、注文ごとに極薄にスライスする(中左)。イワシの酢漬け、甘えびのクリームコロッケ、カスベのエスカベーチェなど「ピンチョス9品の盛り合わせ」(中右)。前菜の1品、「鱈肝の白ワイン蒸し 自家製ガルムのビネグレットソース」(下)。

函館 BAR-GAI

2004 年以来、1 年に春秋 2 回開催される「函館西部地区バル街」の光景。たくさんの市民がマップを片手に街を行き交い、カフェ、レストラン、バーやライブハウスなどでハシゴ酒を楽しむ。恒例の〝振る舞い〟で生ハムを切る著者（右下写真）。この日に合わせて音楽等のイベントも。

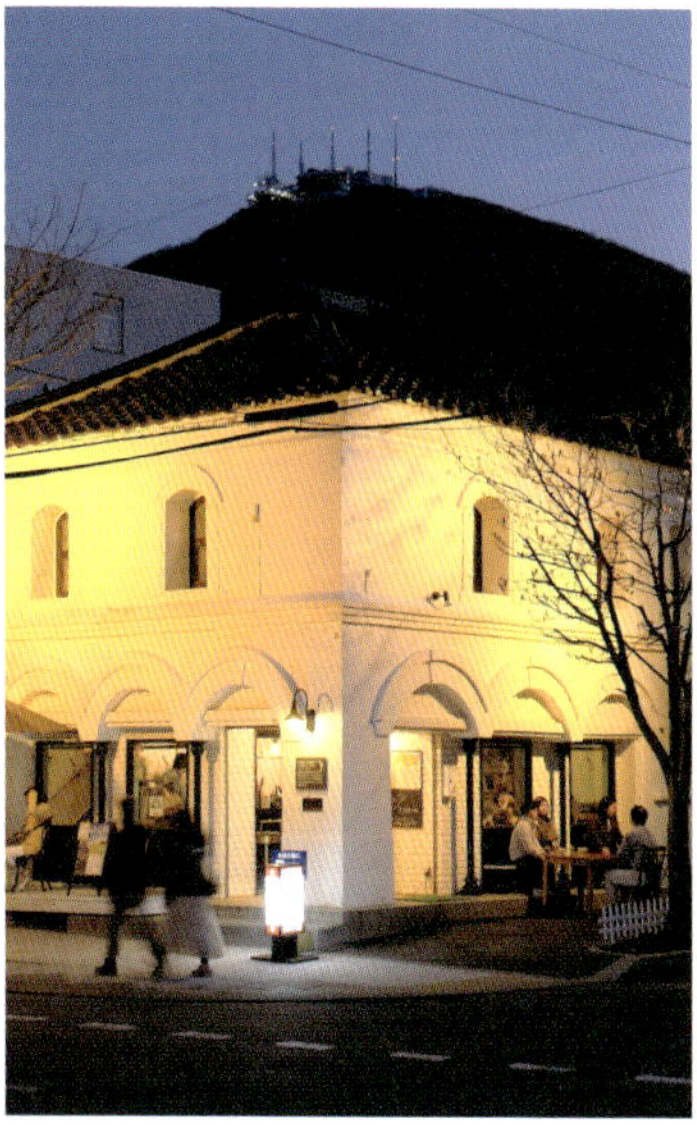

世界料理学会 in HAKODATE

年々来場者を増やし、規模を拡大してきた「世界料理学会 in HAKODATE」。オープニングは登壇者およびスタッフのシェフ全員で壇上にあがり、勝ちどきを上げるのが恒例（2016年9月開催の第6回。函館市芸術ホールにて）。

料理人にできること

美食の聖地
サンセバスチャンからの伝言

深谷 宏治

Mi amigo Koji

A principios de los 80 del siglo pasado, se presentó en mi entonces restaurante Gurutze-Berri de Oiartzun un joven japonés que venía de Francia sin que los resultados fueran de su entera satisfacción. Entró a estudiar conmigo y luego se incorporó al restaurante donde permaneció uno tres años. En ese tiempo absorbió todos los conocimientos necesarios, tanto culturales como gastronómicos, para convertirse en un maestro de la cocina vasco-japonesa.

Desde hace más de treinta años, Koji Fukaya es el propietario del restaurante vasco "Vascu" en la ciudad de Hakodate, en la isla de Hokkaido, al norte del país del sol naciente. Es propietario también de "La Concha" bar de pinchos en la misma ciudad, al estilo de los del País Vasco.

Oficia como embajador permanente del País Vasco en el Lejano Oriente, y periódicamente viene a conocer las últimas novedades y a saludar a sus amigos y discípulos. Por su casa han pasado no pocos cocineros vascos, y recíprocamente jóvenes profesionales nipones han venido a formarse a través de sus contactos.

Invitó a los hermanos Txapartegi (del Alameda de Hondarribia) a un congreso de cocina vasca en Japón que les abrió nuevas e interesantes posibilidades. Daniel López (del Kokotxa de San Sebastián) ha pasado por los fogones de mi amigo Koji, como también lo hizo mi hija Visi.

A la profunda admiración que siento por Japón, se une mi amistad y cariño hacia Koji, quien hubiera merecido más que yo la concesión del Tambor de Oro de San Sebastián por su labor de difusión de lo vasco en general y de la cultura gastronómica donostiarra en particular.

Con mi cariño, admiración y reconocimiento,

Luis Irizar

私の親愛なる友、コージ

1980年代はじめ、当時バスクのオイヤルソンにあった私の店「グルッチェ・ベリ」に、フランスを経由してきたというひとりの日本人青年が現れた。彼はフランスで料理の修業を目指したが、満足いく結果が得られなかったと嘆いていた。ならば私と一緒に学ばないか、と誘った。彼は私たちのチームに加わり、3年ばかりを過ごすことになる。バスクに来てからの彼は、食文化や料理法など、バスク料理に必要なありとあらゆる知識を貪欲に吸収し、日本におけるバスク料理のマエストロとなっていった。

そして30年以上前から、彼は日出ずる国、日本の北部に位置する北海道函館市のバスクレストラン「バスク」、そして同市のピンチョスバル「ラ・コンチャ」のオーナーシェフとして、本場と同じ味を、同じスタイルで提供している。

彼は、極東における常任バスク大使のような存在だ。定期的にバスクを訪れては最新情報を仕入れ、友人や弟子たちに挨拶をして帰っていく。一方で、日本を訪れるたくさんのバスクの料理人が彼の店で世話になり、日本の若い料理人たちが彼の知人を頼ってバスクの地で修業をする。またある時には、オンダリビアのレストラン「アラメダ」のチャパルテギ兄弟を日本で開催された料理学会に招待して彼らに新境地を開花させたり、サンセバスチャンのレストラン「ココッチャ」のダニエル・ロペスや、私の娘ビシが彼の店に寄せてもらったりと、例を挙げたら切りがない。

彼への友情と親愛の念は、日本への敬意の気持ちとあいまって深まるばかりである。バスクの文化、とりわけサンセバスチャンの食文化を広めてくれた彼の偉大な功績を顧みると、私がサンセバスチャン市から授与された栄誉ある「金の太鼓賞（Tambor de Oro）」は、私よりも彼のほうがよほど相応しいのではないかと思う。

心からの親愛と賛美と感謝を込めて、
ルイス・イリサール

目次

まえがき

——世界一の美食の街サンセバスチャン、人口約18万人で首都からはるか離れた国境近くの街、そこに世界中から美味しさを求めて観光客が押し寄せている。

こんな見出しをマスコミやネット上でよく目にするようになりました。

スペイン、バスク地方にあるサンセバスチャンは、僕が若いころ3年ほど料理の修業をした街で第二の故郷ともいえる場所です。修業当時の1970年代、日本人の姿をほとんど見かけませんでしたが、今では年間数万人規模の日本人観光客が訪れ、料理の修業に来ている人も多く住むようになりました。

僕は理工系の大学を卒業したのですが、その後の生き方に迷い苦しみました。誇れる動機のないまま料理の道に入り、それればかりか、なんのつてもなく観光ビザだけでヨーロッパに渡り、さまよった末にサンセバスチャンへとたどり着きました。

現在、僕は北海道函館にてスペイン・バスク料理のレストランを経営しながら通称「バル街」や「世界料理学会」などのイベントを企画運営しています。函館に始まった「バル街」はあちこちに広まっていき、全国約200カ所、似たようなシステムで開催されていいます。また「世界料理学会」も各地で行われるようになるにつれ、インタビューを受けたり、経緯や内容を訊かれる機会が増えてきました。一料理人がどうして街のイベントを立ち上げることになったのか。世界料理学会などと大それたことをどうして始めたのか。そこで、これまでに至る経緯をちゃんと伝えないことには理解してもらえないことがわかりました。大学を卒業した1970年の時代背景や、当時の料理界のことは遠い過去のこと。ヨーロッパでの修業時代もまた、日本との主な連絡手段は手紙しかなく、観光ビザの身ですから銀行に口座も開けず、緊急送金もしてもらえませんでした。そんな状況下、わが師匠、シェフのルイス・イリサールは、大切な2つのことを教えてくれました。ひとつはもちろん料理技術。もうひとつは「料理人が街を創り、社会に関わる」ということです。

——美味しい料理は作れるが、街を、まして社会を創造するなんて⁉

正直、当時は本気にしていませんでした。帰国して自分の店を持ち、なんとか経営できるようになってからもサンセバスチャンへと行ってみると、そのたびにレストランやバルのレベルが劇的に向上していることを肌で感じました。

ルイスは胸を張り、にんまりと説明してくれます。

「誰それは郊外に結婚式場を併設したレストランを作り、結婚式で儲けたお金をレストランにつぎ込んで、お金に糸目を付けない料理を出している。そのうち世界の美食家が来るようになる。……あそこのバルでは、今までとはまったく違うクリエイティブなピンチョスを出し始めた。たぶんほかの店も影響されて、よりよいピンチョスが登場するだろう。そうすればこの街全体のレベルが上がり、黙っていても世界中から美味しいものを求めて大勢の人々がやって来る」

まさに、サンセバスチャンはそれを実現したのです。

僕の半生を振り返るにあたり、彼らとのつながりを照らし合わせてみると、そのときには偶然としか思えなかったことが、半世紀を経てまぎれもない必然として、はっきりと姿を現し始めたことに気づきました。

1970年代後半、ルイスが「この街の美食文化を世界一にする」と宣言した思いを胸に秘め、僕は長い時を経て多くのお力を借りながら、かつてない食文化と街づくりを仕掛けています。それは徐々に広まり、各地で展開され、人と地域を活かす動機、ソフトウェア、あるいはツールとして注目されています。

それらは一体なんなのか、その足跡と共に、なぜ人々や社会に求められ、支持されているのかをお伝えすることにより、食と歴史に興味のある方、ひいては潤いのある街づくりに取り組む人にとって、少しは役立つのでないかと思い筆をとってみました。

イラスト　信濃八太郎
デザイン　甲谷　一

第1章　至福のイベント「バル街」

北国に春を呼ぶ風物詩

頬を撫でる風がやわらぎ、長靴からスニーカーに履き替えるころになると北海道函館の人が待ち望んでいることがあります。

それは「バル街（BAR-GAI）」と呼ばれているイベントです。

風雪に閉ざされた日々が終わり、五稜郭の桜のつぼみもふくらみ始め、陽もだいぶ長くなった4月下旬に春のバル街を迎えます。当日の夕方、恒例の〝振る舞いサービス〟を行う会場「アクロス十字街」の前には回を重ねるごとに長蛇の列ができるようになりました。

午後5時半を合図にスタッフたちと共に、僕はその行列の前に進み出て右手の拳を突き上げ、腹の底から大声を張り上げて威勢よく開催宣言をします。

「今年もバル街が始まるゾォ！　待ちに待った函館の春はバル街から。サァ元気よく食べて飲んで、歩いて、思いっきり楽しもう！　エイッ、エイッ、オーッ！」

すると、行列からは拍手と歓声が沸き起こり、高揚感に包まれるなか、名物となった生ハムを切り分けていきます。

参加チケットを手にしたご家族連れや若いカップル、和服に着飾った紳士淑女ほか、バル街を目的に来られた観光客の方々にも、薄いバゲットにのせた生ハムとワインを無料で提供します。いやぁ、なんともうれしい忙しさ！

僕は手元の切り分け作業に注意しながら、時々顔を上げて感謝を込め挨拶を交わします。

――オッ、店の常連さんが見えました。

「いつもありがとう！　もう何軒か回りましたか？」

「チケット足りなくしちゃって。さっき追加したのさ。深谷さん、バル街が始まらないと函館の春も来ないっしょ、頑張ってよ」

なつかしい友だちがご夫婦で、おめかししての参加です。

「こうやって、ふたりで歩くのは新婚旅行以来だって言われてさぁ（笑）」

「そりゃまずい（笑）、うんと仲良くして」

回を重ねるたびに和服姿の女性が増えてきました。

「お似合いですね、着物の方には特別もう1枚サービス！」

「ウワァ、うれしい！　晴れ着のお披露目もできて。ほんと楽しみに待ってたの！」

連れの女性は、「じゃぁ、この次はわたしも着物で来るわ」と。こんな感じでサービスは進み、会場は笑顔に満ちて、付近一帯はお祭り騒ぎの熱気に包まれていきます。

毎年、バル街で会うだけの人も「深谷さん、今年も来たよ！」と声をかけてくれます。数万人規模のお祭りと比べれば地道ですが、賛同してくれる輪がじわりじわりと拡がることから〝共感マーケット〟と評される方もいます。

日曜日とあって早い時間から営業している参加店も多く、乳母車に乗った幼いお子さん連れのご家族も見られます。約1時間、赤ワイン組（生ハム）と白ワイン組（チーズ）のふた手に分かれ、のべ1200食を振る舞い終えたころには、気分爽快！

この恒例となった〝振る舞い〟が行われるようになったのは、バル街を始めたばかりの第3回目(2005年秋)のこと。前売りチケットが前回の倍くらいの勢いで売れ始め、実行委員会では「こんなにチケットが売れると店に入りきらない」とか、「対応しきれてないとクレームがきて大変なことになる」、「なんとかならないだろうか」と危ぶむ声が出始めました。

すでにチケットは回収できず、苦肉の策として僕はこう提案しました。

「自分が生ハムを切って、皆さんに無料で食べてもらって勘弁してもらおう」

なんの知らせもなく生ハムやワインが無料で提供される。世の中、無料サービスの裏には個人情報を求められたり、あとでなにかを買わされるのではないかと怪しまれることばかり。でもそうではなく、ただ食べて飲んで喜んでもらいたい。当日は混み合ってスムーズにお店を回れないかもしれないけど、バル街ならではの底抜けの楽しさ、神髄を存分に味わってもらいたい。〝振る舞い〟はそんな願いで始めました。

お得感満載システム

「バル街」とは、チケットを購入した人が、同時に渡される参加店の特別メニューや営業時間、催事情報が載ったマップを手に飲食店のハシゴを楽しむイベントです。

スペイン語のバル（BAR）はカウンターのある立ち飲み居酒屋であって喫茶店であり、食堂でもあるといった社交場を意味していて、スペイン人にはなくてはならない存在です。大抵バルのカウンターには椅子はありません。立ったまま飲んで食べておしゃべりを楽しむスタイルです。おつまみはタパスという前菜が一般的で、お客さんは贔屓《ひいき》の店を何軒かハシゴします。日本でも都市部を中心に立ち飲みのお店が増え、スペイン風のバルスタイルはすっかり定着しました。

バル街の参加者は、5枚綴りのチケットを購入して（前売り3500円、当日4000円）、お目当てのお店で使います。

参加店はベイエリアの函館西部地区を中心に、毎回平均70店前後。普段、入る機会のない店でも、この日だけはチケット1枚を渡すだけで、バル街のために趣向を凝らした自慢のおつまみと飲み物を楽しめます。喫茶店、カフェ、バー、和食、すし、それに中華、イタリアン、フランス、スペインなどの外国料理、焼肉、ライブハウス、ビアホール、ホテルのレストラン、ワインショップなどに加え、港に浮かぶ、かつての青函連絡船「摩周丸」の内部を巡ることもできます。さらにムードを盛り上げようと、フラメンコ、音楽ライブ、大道芸人によるストリートパフォーマンスなど協賛イベントが目白押しです。

オリジナルマップを片手にグループやカップル、おひとりさまも脚力を頼みにお目当ての店を回り、食べて飲んで歌や踊りに触れての愉快な街巡りを体験します。いつもはクルマで通り過ぎる風景も、潮風を受けながら歩くことで、めぐり来る季節への期待は膨らんでいきます。見知らぬ同士でもマップが目印となり、路上で道順を尋ね合ったり、お店のカウンターで耳寄りな情報を交換したりと、参加者同士の出会いとコミュニケーションも大きな魅力。なんと、バル街をきっかけにカップル誕生の噂もちらほら聞こえてきます。

イベント全体の開催時間はお昼ごろから午前0時までで、参加店のオープン時間はそれぞれその範囲内で設定されます。当日参加できなかったとか、チケットを使い残した方へは「あとバル」と称した一定期間、協力店で使える特典もあり、当日以外でも楽しみを余すことなく使い切ることができます。結果、チケットの実使用率はつねに99%を上回っています。

中心街に人を呼び戻す

バル街当日、総合案内の窓口となる特設インフォメーションが置かれる「函館市地域交流まちづくりセンター」は十字街というところにあり、このエリアは函館の西部地区と呼ばれています。

かつての繁華街です。〝かつて〟としたのは、今は街のにぎわいが、東部に移っているからです。西部地区は観光スポットのウォーターフロントを抱えるエリアですが、近年見かけるのは観光客ばかりで市民の姿はあまり見かけません。人口の大半が東部地区へと移り、郊外型の広大な駐車場を備えた大規模店舗に客足を奪われています。このような現象は全国共通ではないでしょうか。

ところが、バル街の一夜は様子が変わります。参加した人はライトアップされた古い建物が遺る街並みに触れることで非日常を体験し、あらためて街の魅力に気付かされることになりました。

『ミシュラン・グリーンガイド・ジャポン』に、3つ星として掲載された函館山からの夜景――。江戸末期より函館は、横浜、新潟、神戸、長崎と並んでいち早く国際貿易港として開港しました。とりわけ函館山の麓にある西部地区は、異国情緒漂う教会群、旧外国領事館、金融街など、明治、大正、昭和、平成、そして令和へと生き抜いてきた貴重な建造物が多く遺り、坂道は海岸まで通じていて風情豊かな表情を見せます。

2004年に誕生した「函館西部地区バル街」は春と秋、年2回行われるようになり〝ハレの日（非日常）〟を象徴するイベントへと成長を遂げました。春は新年度のスタートを飾るにふさわしく、秋は実りの恩恵にあずかる〝バル街〟は地域に深く浸透し、今や欠かせぬ行事として心待ちにしている人がたくさんいます。

僕は70歳を過ぎましたが、1日を朝の散歩から始めます。西部地区にはその昔、米屋を営んでいた自宅があり、大抵のことは歩いて用事を足せます。それは〝ちょうどいいハシゴの距離感〟でもあり、言い換えればウォーキングという健康イメージもバル街を支える要素です。

バル街のある夜、月明りが港の波間を静かに揺らし、坂道を下っていくと目の前にはデイパック姿の老夫婦が歩いていました。

「今日はよく歩いたわねぇ、まるで大人の遠足みたい」

ふたりの姿が夜の街にとけ込んでいきます。思いやり、微笑み、分かち合う歓びに満たされた和やかなひととき――。

バル街で出合う光景には、人の心をあったかくしてくれるものがあります。

お金の流れと官民協力体制

函館に端を発したバル街は、これまでにないタイプの街おこしの観点からも注目され、瞬く間に全国へと拡がりました。名称に〝バル街〟が付かないところもありますが、開催地は200カ所を超え、中止した所も入れると600カ所とも言われます。

ここで、函館西部地区バル街のシステムを例にお金の流れについて説明しましょう。

参加希望者は5枚綴りのチケット1冊を前売り3500円（1枚700円）、もしくは当日4000円（1枚800円）で購入すると、チケットと一緒に参加店情報などが載ったA2サイズのマップが折り畳まれた状態で手渡されます。

販売開始は1カ月前からで、公式サイトからのネット予約のほか、プレイガイド、参加店でも取り扱いますがそれぞれ枚数は限定です。それは店舗数が限られているため、行き過ぎた混雑が生じるとスムーズに飲食を楽しめなくなるからです。販売枚数の判断は、参加店の数に応じて過去の経験から見積もっています。

前売券1枚の販売手数料はプレイガイド300円、ネットと参加店が200円。その金額を差し引いた残り3200円、ないし3300円が主催者である実行委員会へと流れます。後日、参加店との清算をしたあとの残金がポスターやマップ製作費などの運営費に回されます。

バル街は官民の協力が功を奏した実例でもあります。函館市企業局の協力で、市電の一定区間が特別車両「バル街電車」として、チケットを提示するだけで無料利用ができたり、同じく函館バス（株）の協力のもと「バル街お帰りバス」が100円で利用できます。

利用者の便はもちろん、町ぐるみの協力体制がお祭り気分を高めてくれます。特設インフォメーションが置かれる「函館市地域交流まちづくりセンター」という公共施設も貸していただいております。

バル街幸福度指数

バル街を盛り上げる主役は参加者、参加店、協賛者など、関わるすべての人々です。それをサポートするのが協力機関であり、後援機関であり、主催者である実行委員会です。これはボトムアップ形式の典型で、地域の人々が心待ちにし、支えてくれる限りバル街の成功は今後もつづくでしょう。

でもいつの日か赤字に転じたり、運営に無理が生じてきたときは、いさぎよく止めたほうがいい。ダメなものにお金や要らぬ労力を費やすのはどうかと考えます。それは後述する「世界料理学会」などの催しも同じ考えで、地域と時代の要請があってこそ成り立つのであり、執着すべきではないと僕は思います。

正式名称「函館西部地区バル街実行委員会」は、古くからの友人のほか、バル街の理念に心から賛同協力してくれる人々で構成されています。当然、そこでは自由闊達な意見が交わされ、情報共有、収支管理、ルール遵守といった公正な姿勢が求められます。そしてなにより、仲間同士の思いやりがあってこその組織です。

2017年、函館のバル街は「G」マークで知られる公益財団法人・日本デザイン振興会主催のグッドデザイン賞を受賞し（4495件の応募で、受賞が1403件）、そのうちのベスト100と、地域づくり特別賞をいただきました。

これまでは工業製品が主な対象と考えられてきましたが、地域を上げた取り組みと、オープンソースにして全国各地へ拡めていったことが高く評価されました。

そもそもの発端は函館公立はこだて未来大学・岡本誠教授がデザイン賞の企画委員として「街をデザインする」という新たな可能性を見出し、推薦してくださったことによるものです。

当初、実行委員会では「賞をもらうためにやっているのではない」、「審査にかかる費用ももったいないからやめよう」という意見もありましたが、若手メンバーのひとりが積極的に関わってくれたおかげで応募にこぎつけ、受賞に至りました。

そして2019年、思いがけずうれしい知らせがありました。なんとサントリー文化財団の「第41回サントリー地域文化賞」をいただきました。これは全国各地で展開されている地域の文化向上と活性化に貢献した個人、団体を対象として1979年の創設以来、30年以上にわたり同財団が評価、顕彰を行っているものです。各地の新聞社とNHKからの候補の推薦後、書面審査、現地調査を行い、その結果をもとに最終審査が行われ、活動の継続性、独創性、発展性、地域への影響力などが考慮されるというもので、関係者の大きな励みになりました。

仮に、「バル街幸福度指数（ＨＢＩ：The Happy Barugai Index)」なるものがあるとすれば、自然に無理なく上げられることがもっとも望ましいし、そのためには、他の街で進化するアイデアにも注目していきたいと思います。

第2章　バル街に込められた真の目的

補助金に頼らない理由

函館西部地区バル街は、行政ほかどこからも補助金とか助成金を受けていません。補助金というのは、新しい事業を展開するときの助走を補助するエネルギーであり、それがなければ存続できないならどこかに無理があるということです。

僕らが補助金をもらわない理由です。

① 申請事務手続きの煩わしさから解放される。

② 補助金をもらえば平等公平さが求められ、主催者の基準で参加店を選ぶことができにくくなる。

③ 市民からは「補助金をもらわなくても成立しているのか」と、バル街を好意的に見てもらえ、全体の流れがスムーズになる。

④ 実行委員のプライドとやる気が出てくる。

⑤ 行政からの指摘なしに自由な企画を立てられ、自分たち（実行委員会）の意欲次第でつづけられる。

⑥ 補助金に頼らないアイデア、行動が必要になり、そこから新たな価値が生じる。

函館西部地区バル街は、多くの方々から補助金を受ける資格が十分あると言われます。

でもその原資は税金です。正直、僕は納める立場からするとできるだけ税金を払いたくない。年度末の予算消化措置を目にするたびに腹が立ちます、そうでないかい？

1分間におよそ5千万円という、膨らむ一方の国の膨大な借金を考えると夜も眠れやしない、とまでは言いませんが。

合言葉は「楽しい、だからやる！」

静岡県三島市に行ったとき、「三島バル」実行委員の言葉が印象的でした。

「静岡県では18カ所でバル街をやっていますので、私たちは重ならないように調整していて、2年前からは補助金をもらわないでやっています。そうしたら、とっても自由に企画できて大変楽しいバル街に変わりました」

そうです！　より自由に、知恵を出し合うから楽しい。

函館では回を重ねるたびに、バル街で女性のおしゃれが目立ってきました。

「わたしたち夫婦でデートするのは何年ぶりかな。あくまでふたりで楽しむために散策して飲み歩くの。そうすると途中で知ってる人に会うでしょ。だからわたし、普段着より少しだけ格好つけるわ」

また着物姿で歩く人が増えています。僕たちはそれを応援する意味で、〝振る舞い（14ページ）〟で「着物姿いいですねぇ！　はい、生ハム一切れ多く載せます」などとサービスしたり、インフォメーションの特設コーナーでは日本酒を振る舞ったりします。すると周りから「わたしも着物あるのよ、次回は着てくるからね」と伝播して、バル街にくり出す楽しみは増していきます。

こういう雰囲気を加速したのが、実行委員のなかで唯一の女性、澤田かなこさんが企画した「きもの de バル」でした。2011年に始まった「弘前《ひろさき》バル街」（青森県）で、浴衣を着た女性たちがマップを手にして微笑み合っている写真もあと押ししました。

もともと彼女は、和服が着られないまま捨てられてゆく状況をなんとかしたいと思っていました。バル街当日、着物姿で特設インフォメーションに来られたお客さんにお酒などを無料で振る舞う。着物の貸し出しと着付けを低価格で行いできるだけ多くの人に着物姿で歩いていただく。〝お古〟とは言えない真新しい感じの中古の販売も加わりました。すると男性の着物姿も目立つようになり、この協賛企画は定着していきます。

「楽しい、だからやる！」

実行委員会の信条とも言える相言葉であり、これこそが成功へのキーワード。

反対に、弘前では浴衣姿を定着させようとしましたがうまくいかず、その代わり「バルコン」なるミス・バル街コンテストを企画し、選出された女性にペアで函館1泊旅行を副賞としたところ好評を得ているそうです。ユニークなアイデアと創意工夫、ときには発想の転換も自由自在にできるのは、やはり補助金などの縛りがないからです。

函館西部地区バル街の開始から3年後の2007年、東京銀座の松屋デパートからバル街をデパートの中で再現できないかと頼まれました。

催事場にキッチンを仮設するなど、とても実現できそうもないような条件をつけましたが松屋側はOKし、採算度外視で「他ではできないことをやる」として開催が決定。そこでこれは、通称「ガスバリ」で対応することにしました。

「ガスバリ」とは、1998年、食に関する知識、技術向上を目指して立ち上げた函館圏の同業異種の会「クラブ・ガストロノミー・バリアドス」（現在16人）のことです。僕が代表をつとめ、メンバーの何人かは函館バル街の実行委員に名を連ねています。

仲間は店を閉めて東京へ行き、従業員も総出で参加しました。奥さんたちも頑張ってくれたので、女性たちへの感謝の気持ちから打ち上げは帝国ホテルで行い、ほんとうにいい想い出となり自信にもつながりました。

成功のカギは「must」といった義務感ではなく、自ら買ってでも参加したい「want」になれる楽しさの創出に掛かっています。

3・11を乗り越えて

第15回のバル街は、2011年4月17日の予定で3カ月前から準備していました。

そして、あの3月11日、東日本大震災が起きます。1カ月前から前売りチケットを発売しますのでマップもポスターもできあがり、それらを仕分けする前日のことでした。

急遽、実行委員会が開かれました。テレビでは甚大な被害が次々と報じられ世相は重苦しい雰囲気に包まれていました。

「このような非常時に、飲み食いのイベントは不謹慎では？」

「いや、こんなときだからこそ、皆で力を合わせやるべきだ」

喧々諤々の議論がなされ、実行委員の間では「木村親方」と呼ばれている「こなひき小屋」というパン屋のオーナー、木村幹雄さんがこう発言しました。

「学生時代の友人が仙台にいて、まだ連絡がつかない。自分は、こんな状態ではとても楽しむ気になれない……」

それから「仲間のひとりでも楽しめないなら、やめよう」という結論に至ります。

発足当時の理念、信条ともいうべき「自分たちが楽しむためにやる」に立ち返りました。

その友人とは後で連絡がついたそうです。「木村親方、よかったね」と、皆ひと安心しました。そして、別の委員からこんな提案が出されました。

「バル街は中止するが、被災地には『バル街をやりたい』といっていた宮城県の気仙沼と、2007年から始めた石巻がある。復興支援のイベントはどうだろう?」

どちらも津波に遭い、壊滅的被害を受けた街です。

そこで、函館のバル街へ各地から出張して来られる参加店用に借りていた会場を使い「バルまち応援会」を行うことになりました。

被災地支援のカンパ箱を置いて、地元函館西高校吹奏楽局の演奏を皮切りに数組のバンドがライブを行います。バル街参加を予定していたうちの30店ほどがこれに協賛して、通常営業のなかでバル街メニューを用意したり、カンパ箱を置いたりして、これらの寄付金を合わせて、気仙沼と石巻のバル街関係者に贈ることができました。

「気仙沼バル」は2013年から始まり、石巻は中断後に「ボンバールいしのまき」として、トリコローレ音楽祭との併催で2017年から行われています。

バル街を通じた絆を経験し、単なる食のイベント以上の連帯感と価値が見いだされるきっかけとなりました。こんな積み重ねが、希望を失いかけそうになるお互いの心に灯りをともし、地域に浸透してゆくのではないでしょうか。

それから6年後の2017年、僕が料理人としての原点を思い返すときに、欠かせない存在だった母を亡くした日も3月11日だったことが重なり、忘れられない日となりました。

バル街誕生のきっかけ

バル街が誕生したきっかけを振り返ります。

「2004スペイン料理フォーラム in HAKODATE」と名付けられたイベントが、2004年2月16、17日の2日間、もの凄く凍《しば》れる時期に開催されました。スペイン食文化を広く知ってもらうために僕が企画したイベントで、その全8つある催し企画のなかのひとつが「西部地区で一夜限りのバル街」でした。

この最初の〝バル街〟はメインイベントの前夜祭として行われました。

スペインでは「バル（BAR）」は街のいたる所にあります。朝は出勤前にカフェ・コン・レチェ（カフェオレ）とパンなどを食べ、昼にも軽い食事ができ、夕方からは仕事帰りの人たちが、空腹を少し満たすためにワインを飲みタパスをつまんで開放感を味わうという、終日人の出入りの多い飲食店です。

とくに、僕の修業していたスペイン・バスク地方にあるサンセバスチャンの旧市街地には100以上のバルが軒を連ねています。この街でピンチョスというフィンガーフードが誕生しました。ピンチョスは、ひと手間かけたおつまみ風一品料理です。

ワインやビールを立ち飲みしながら、カウンターに並んでいる好みのピンチョスを自分で取って食べ、勘定は店を出るときに自己申告して払います。食べ物も飲み物も好きなだけ選べ、もちろん1杯、1個でもかまいません。そして次の店へ。日本でたとえるなら、1軒の店でビール1杯と焼き鳥1本をつまみ、次の店で日本酒1杯と握り鮨を1、2貫といった感覚で、何軒でも好きなだけ回れる大変楽しい仕組みです。その魅力をいつか函館の人たちにも味わってもらいたかったのです。

函館山の麓に広がる旧市街地、西部地区でカウンターがある飲食店を訪問し、「ひと晩だけですが、チケットを持ってきた人が来たら、簡単なつまみと飲み物を1杯出してもらえませんか」と頼み、回りました。後日、チケットを回収して精算という約束でしたが、訪ねた25店すべてが協力してくれました。

事前の準備として専用マップを作り、表面には函館山を上に見たイラスト地図に参加店の位置を載せ、裏面には店ごとに普段の特長と、バル街として特別に用意するメニューを載せました。

サンセバスチャンのバルでは各店のピンチョスに特色があり、コロッケならどこ、イワシの酢漬けならどこそこと、評判の店があります。函館のバル街ではマップに普段の店の特長と当日のピンチョス名を載せることにより、好みの店を探し歩くという楽しみが加わりました。

5枚綴りのチケットとマップがセットで2500円、450冊売れました。

いよいよバル街当日——。翌日のスペイン料理フォーラムのために東京から来られ、参加店を一緒にハシゴして歩いたフランス料理の匠、鎌田昭男さんから「函館はいつもこうなの？」と訊かれました。

凍てつくような夜、レトロな雰囲気の街路灯が照らす坂道を下りつつ「そうです」と応えると、「街の雰囲気がすごくいい。この催しにピッタリの場所だね」と、鎌田さんの感動が伝わってくるようでした。

同じように、よく食べ飲み、しっかり評論ができる美食の達人こと、俳優の辰巳琢郎さんはなんと自腹で駆けつけてくださいました。

「このバル街というの？　なんかすっごく楽しくおもしろい。やるなら次回も必ず来るよ」

その力強いエールもまた、お世辞には思えませんでした。

地域の魅力を掘り起こす

じつは近年、東京の情報会社が行った「市町村の魅力度」を測る世論調査で、人口約26万の函館が上位にランクインしました。

そこで地元の新聞社が函館駅前を歩いていた市民に感想を聞くと、8人中ひとりだけが「そう思う」と応えましたが、7人は「なぜ函館が選ばれたのか分からない」と。この7人は函館を「魅力的」とは思っていません。

函館は人口が西から東の方へ移っており、ショッピングセンターや大型チェーン店は東部か北部方面に新設され、普段市民が西部方面に来ることは少なく、とくに夜は顕著となっています。それに対し観光で訪れる人たちは、函館山や山麓から海岸への美しい景観や、教会群、和洋折衷の古い建物、そしてウォーターフロントの散策を目的とし、西部地区に函館の魅力を見出しています。

というわけで、多くの函館市民は観光客が集まる場所に足を延ばしていませんでした。

バル街はそこが舞台です。

普段来ない人にとっては、バル街を通じてまるで異郷のような函館に出合うことになります。これも市民にとっては楽しみになると同時に、意外な良さと面白さを認識してもらう機会となりました。

店に入りチケットを渡すと、小さいポーションでも手作りの料理と飲み物が出てきます。前もってお金を払っていることもありますが、お買い得感があり気分もいい。

マップにある店の情報から「こんな店があるなら今度行ってみよう」、「新しい店ができたのね、どんな雰囲気かしら？」などと、当日を待たずに頭がもうバルモードになっていきます。そのモードのまま、マップに記されている気になる店や前から入りたかった店などに気兼ねなく入れます。
2、3軒歩き回っているうちに軽く酔いも回り、バル街特有の高揚感に包まれていきます。
開催地域には、函館が栄えたときに遺した旧市街地の観光スポットが含まれ、戦火に遭わなかったウォーターフロントを歩くことになり、夜になると照明効果で、昼間には気づかなかったエキゾチックな街並みを無意識のうちに体験します。

「夜の市電通りを末広町から十字街の方を見たが、どこかヨーロッパの街に出合ったような気がしたよ。長くこの街に住んでいるけど、こんな光景があるなんて、今まで気がつかなかった。いやぁ、捨てたもんではないね」

第5回目のときは地元の経済界の方々にご参加いただきました。最初は冷やかし半分だったでしょうが、生粋の函館人で重鎮の方の率直な感想を聞けたのです。

バル街は、地域の魅力を掘り起こすきっかけとなりました。

街歩きのふれあい効果

マップを手にした人たちがあちこちを歩いており、同じ目的で散策していることがわかると話しかけやすい雰囲気が自然に醸し出されます。

知らない人同士が、街角や相席になった店で情報交換となります。

「どの店がいいですか？　この店に行こうと思うのですが、どう思います？」

そんな会話から始まり、お互いの自己紹介、友人、親戚の話からどこかでつながったりすると、ボルテージは一気に上昇。こんなことがありました。僕の店に来た東京のお客さんがバル街に参加し、終わってからの感想です。

「なにが一番楽しかったですか？」

「相席になった人と友人になりまして。それから別れて街を歩いていると、車道を挟んで向かい側を歩いて来るその人と眼が合い、お互い『ヤア！』と元気よく手を上げて笑顔で挨拶できました。ホントうれしかった」

すごく喜んでる。でもなぜ、そんなことだけで大喜びしているのかと不思議に思いました。考えてみると、人間はほかの動物を押しのけて生物の頂点にたどり着いたのだけれど、人と人とが眼を合わせ会話すること、それこそが人間の基本です。携帯端末は便利ですが、SNSでは味わうことのできない、いわゆるアナログ的な温もりを感じたのではないでしょうか。

バル街初期、自民党の森喜朗内閣のときでした。IT産業の振興のために国の予算が付けられ、経済産業省や大学の先生たちが来函し、「バル街はまさに主旨にピッタリだ。ITを使うことで、参加した人たちにリアルでタイムリーな情報を流せてより便利になる。予算を付けますので是非申請して下さい」と市を通して要望されました。

さっそく実行委員会で話し合い、そこで出た結論です。

「バル街の大きな魅力のひとつは、人と人のふれあいにあるのではないか。ITでの情報が中心的手段になると、本来の楽しみが失われるので、申し訳ないが断ろう」

元祖「バル街」に込められた真の目的

バル街を重ねているうちに、特別宣伝しているわけでもないのに全国から、行政の人や街づくりに関わる人、企画会社の人などが来られるようになりました。

実行委員の代表である僕に、「この企画は大変面白いので自分たちの街でもやりたい、やり方を教えてほしい」と。そのようなご要望にはできるだけ応え、ノウハウを無償で提供してきました。

ちなみに「バル街」という名称は商標登録しています。これはほかで使えないようにするためではなく、ほかの団体で登録され、僕たちが使えなくなるのを防ぐためです。バル街という名称の付かないものもありますが、今では全国各地で同じようなシステムのイベントがたくさんあります。

函館西部地区バル街では、前売りと当日売り（チケット5枚綴り）合わせて約4000〜5000枚が売れ、正確には数えられませんが、参加者の1、2割は函館圏外から来られていると思われます。函館以外でもバル街が開かれるようになったとき、幼稚園時代からの幼なじみで、実行委員会事務局長でもある友人の加納諄治君と「このイベント、もしかしたら大化けするかも」と、ぼんやり語り合ったことがなんと現実となりました。

バル街では普段人が歩いていない所に人があふれ、賑やかに行き交う状態を目の当たりにし、経済効果を指摘される方がおられます。参加店が儲かり、気づいたら飲食店全体のレベルアップにつながればとの期待はあります。

でもバル街をやってきた仲間にとって、それ以上にこの旧市街地の魅力を市民に知ってもらい、街並みを維持していくために行政が西部地区にお金をかけることを理解してほしいという気持ちがあります。

ほかの地域に住んでいる人から、自分たちの住んでいるインフラにあまりお金をかけないで、なぜ西部ばかり整備するのかとの厳しい声があります。たしかに西部地区の街並み保存のための基金があったり、伝統的建造物への補助制度が函館市にはあります。しかし、それらの制度を活用しても保存には限界があり、建物個々の所有者が相当額を負担して支えているのが現状です。

僕の自宅兼店舗にしている建物も同地区で築100年になりますが、1階が和風で2階が洋風建築という函館特有といわれる下見板張り《したみいたば》りの擬洋風建築で、その昔は米穀商を営んでいました。この店舗を改装してスペインバル（「ラ・コンチャ」）にしています。

あとで詳述しますが、日本初のソシエダ（美食倶楽部）を仲間と会員制で組織し、海産物問屋だった明治の建物を復元し再利用したりと、歴史ある建造物の維持保存に努めています。

ほかの街にはない情緒ある古い建物を、街並みごと大事にすることの意義を多くの人が理解し、できたら暮らしてほしい。そうして函館の含み資産を遺していけたら将来も見えてくると、僕らは確信するようになりました。

独立してまもないころ、地元の街並みを考える市民運動をしている会からお誘いを受けたのですが、夜の営業のためなかなか参加できず、長らく忸怩たる思いを抱いていました。

たくさんの恩恵を受けてきた地域に、料理人としてなにができるのかを模索するなかで誕生、発展してきたのがバル街の元祖となったイベントでした。

でも、バル街はあくまでも触媒です。真の目的は函館旧市街地の再生であり、住んでみたいと憧れる文化価値を高めることにあります。

第3章　美食の聖地が教えてくれたこと

バルはなぜ愛されるのか

スペインに暮らす人々にとって、日常生活に欠かせないバル（BAR）。なくてはならぬ社交場であり、とくに夕方からはお気に入りのタパスやピンチョスをつまみ胃袋を満たし、ワインやビールで心をも開放する癒しの場所。立ち飲みが基本だから1軒の店に長居せず、また違った雰囲気とピンチョスを求めてハシゴします。

ハシゴ酒文化には、バルから生まれ変化を遂げてきた小皿料理の歴史があります。スペインの大部分の地方ではタパス（単数形はタパ）と呼ばれていて、アペタイザー（前菜）として位置づけられています。スペイン風オムレツ「トルティージャ」、カタクチイワシの酢漬け「ボケロネス・エン・ビナグレ」、フライドポテトをトマトのピリ辛ソースやニンニクのアイオリソースで食べる「パタタス・ブラバス」などは、シンプルに素材の美味しさを引き立てた、伝統ある人気メニューです。

元来タパとは蓋《ふた》を意味し、まだ街中にもハエなどが多くいた時代、酒の入ったグラスに虫が入らないよう小皿で蓋をし、その上につまみを置いたことに始まったという説。蓋代わりにハムやパンなどで覆ったアイディアが拡まった、など由来は諸説あります。

さらに、バスクを中心としたスペイン北部地域では「ピンチョ（ス）」と称する楊枝に刺したスタイルで供されます。タパが料理を小分けにした突き出し風のものなら、ピンチョはフィンガーフード、つまり指でつまんで食べる一品料理であり、タパから分かれ独自の進化を遂げたものです。

僕が修業したスペイン北部、フランスとの国境に近いバスク自治州にあるサンセバスチャン（バスク語では「ドノスティアDonostia」）は、今や世界中から豊かな食文化を目当てにやって来る屈指の観光地です。

ピンチョスは元来スペイン語で楊枝《ようじ》を意味します。食材を楊枝で刺して食べやすくしたことが始まりで、サンセバスチャンで生まれた元祖ピンチョスの「ヒルダ」は、オリーブ、青唐辛子の酢漬け、アンチョビ（カタクチイワシ）の塩油漬けを楊枝に刺しただけのつまみです。また、当初はバゲットパンに卵、肉や魚介料理を載せて落ちないように楊枝で刺し留めていたのが、やがて楊枝のないものや小皿料理までもピンチョスと呼ぶようになります。近年はフォアグラを焼いて青リンゴのペーストをそえたり、牛のホホ肉を赤ワインで煮たものとか、メインデッシュをミニチュア化したメニューも登場してきました。

サンセバスチャンは山海の幸に恵まれた食材の宝庫でもあり、旧市街を中心に多数のバルが軒を連ね競い合っています。必然的に食文化がレベルアップし、街じゅう美味し

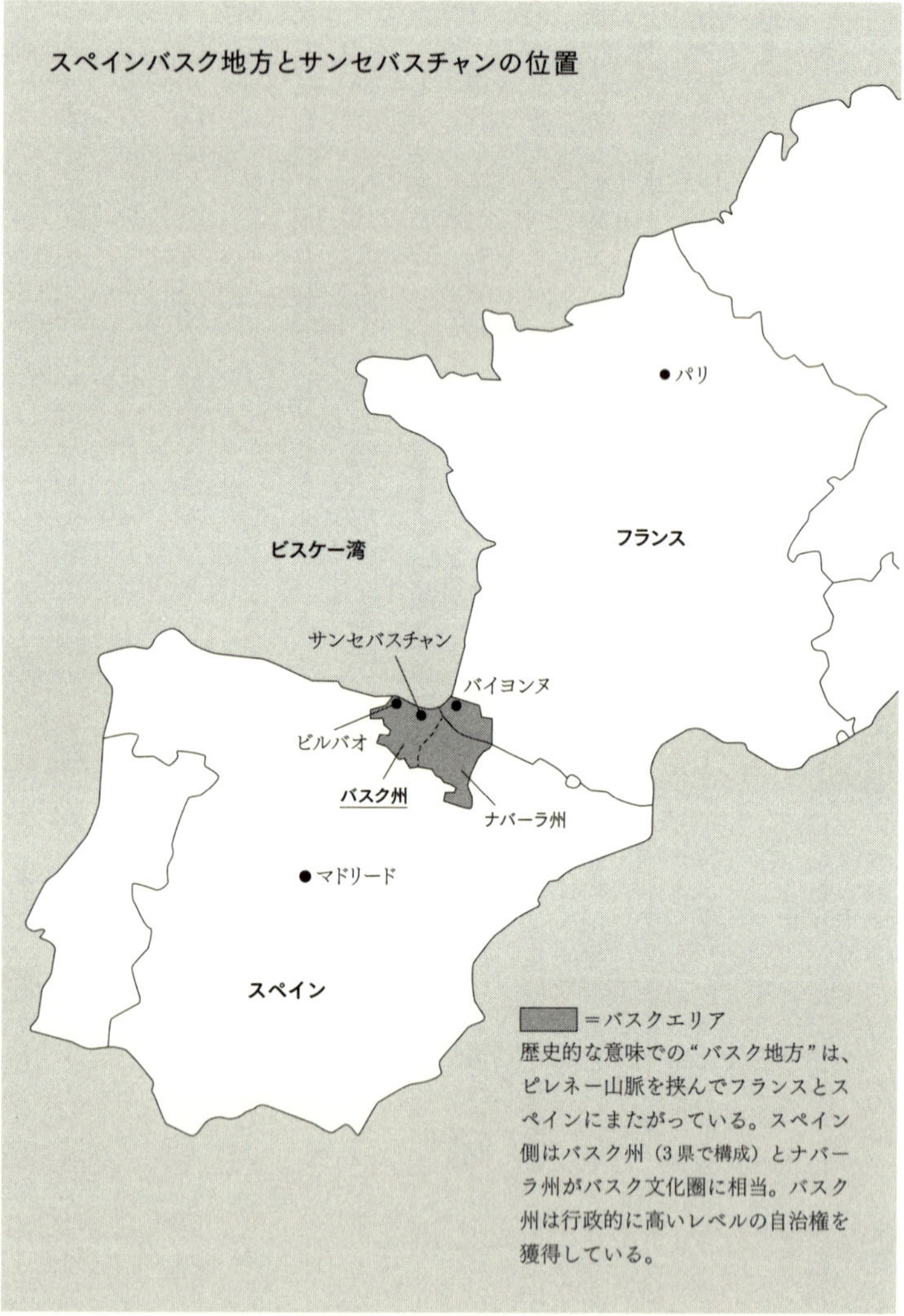
スペインバスク地方とサンセバスチャンの位置
パリ
フランス
ビスケー湾
サンセバスチャン
バイヨンヌ
ビルバオ
バスク州
ナバーラ州
マドリード
スペイン
＝バスクエリア
歴史的な意味での“バスク地方”は、ピレネー山脈を挟んでフランスとスペインにまたがっている。スペイン側はバスク州（3県で構成）とナバーラ州がバスク文化圏に相当。バスク州は行政的に高いレベルの自治権を獲得している。

いものであふれ、なんといってもわずかな予算でも楽しめるのが最大の魅力。だからこそ、誰もが安心して食べ歩きを堪能できる街として不動の地位を築きました。

バルが現代人に好まれるのは、少量多品種といった豊富なメニューから個々の好みやキャパシティに合った分だけ選択できるという、とても理にかなっているからでしょう。

日本にも昔からハシゴ酒を楽しむ慣習はありますが、どちらかといえば食べることよりもっぱら酒だけ、あるいは女性（ホステス）が接待するような店を回るといった、ともすれば豪遊、泥酔といったダークなイメージも否定できません。

美食文化の歴史的背景

サンセバスチャンという地名は、この地に埋葬されたキリスト教の聖人の名に由来します。

大西洋のビスケー湾に面したこの街は、ラ・コンチャ（貝殻）と呼ばれるホタテの貝殻のような形をした美しい海岸線があり、19世紀後半には王侯貴族の保養地として歴史の幕が開きます。彼らは当時、新たな健康法として脚光を浴びていた海水浴を楽しむためにやって来ました。カフェやオープンテラスができ、静かな漁村から賑やかな避暑地へと変貌を遂げ、目の肥えた人たちに応える豪華でモダンな施設もできました。なかでもホテル・マリアクリスティーナは、マドリードとパリのリッツも設計した建築家が手がけ、開業するや瞬く間に世界中の上流階級の人々から愛される宿となりました。

20世紀、1953年には国際的な映画祭が始まり、今度は世界の映画スターが足を運び、徐々に文化都市としても名を馳せていきます。

そして20世紀後半を迎えると〝食〟の豊かさに世界中の注目が集まるようになりました。庶民的バル文化に加えて、食通を唸らせるガストロノミーレストランも数多く、ミシュランの3つ星レストランがサンセバスチャンとその周辺地域に3軒、2つ星が1軒、1つ星が5軒。

また、この街には「ソシエダ・ガストロノミカ」と呼ばれる美食クラブが100カ所以上もあり、メンバーの男性たちが共同でキッチンを所有しています。最近は、男同士で料理を作り楽しむという珍しい習慣がマスコミで紹介される機会も増えました。

さらには世界最高美食学会（LMG）が行われるようになり、さらに4年制料理大学が開校されるなど、名実ともに〝美食世界一の街〟としての地位を築いていきました。

連日、小さな空港には世界の富豪たちの自家用ジェット機が目立ち、日本人を含め世界中から美味を求めてやって来る旅行者で旧市街地はあふれ返っています。

毎年1月20日は、「タンポラーダ」という市民にとって大事な祭りが行われ、街が賑わいます。午前0時（19日の深夜）、旧市街の憲法広場で開会宣言が行われ、そこから24時間、200組近くのグループが太鼓を叩きながら街中を行進します。グループは美食クラブを筆頭に学校、音楽、スポーツ仲間などで構成されていて、コックと水汲み娘の格好をしたグループは樽を叩き、ナポレオン軍兵士の格好をしたグループは太鼓を叩きます。1800年代初頭、フランスのナポレオン軍に侵略されていたころ、旧市街の水汲み場に水を汲みに来ていた人たちが、軍人の行進をバカにして樽を叩いて真似したのが始まりと伝えられています。開会式で「ラ・マルチャ・デ・サンセバスティアン（La Marcha de San Sebastián）」という曲に合わせ太鼓が叩かれ始めると、感涙する市民がいて、まさに郷土愛を感じます。昼間の子どもたちによる行進も可愛いらしく、まるでメルヘンの世界を彷彿とさせます。

しかし1970年代、僕が修業していた間にこのバスクの地で日本人と会ったのは、かつて僕が学生時代に知り合い、当時東西に分かれていたドイツの西ベルリンに住んでいた声楽家の坂本久美子さんが訪ねて来られたときと、スペインに旅行に来られた翻訳家でスペイン内戦研究家の渡利三郎さんの訪問との、2人だけでした。

フランスで待ち受けていたもの

僕がサンセバスチャンを最初に訪れたのは、1975年にさかのぼります。当時、スペインはフランコ政権（1939〜1975年）の末期で、長くつづいた抑圧体制下で国全体が経済的に貧しい時代でした。

独自の歴史と文化圏を持つバスク地方は、バスク語の使用が禁止されるなど文化的に虐げられていましたが経済的には強い基盤がありました。ただ、サンセバスチャンが今日のような美食世界一の街になるなんて誰も想像できませんでした。

1970年代といえば、日本では60年代から海外に渡ったコックが続々と帰国し活躍を始めたころです。銀座「レカン」などを経て京橋「シェ・イノ」を開業した井上旭さん、六本木「オー・シュヴァル・ブラン」料理長の鎌田昭男さん、六本木「ロテュース」料理長の石鍋裕さん、有楽町「アピシウス」料理長の高橋徳男さんなど、日本の料理史にその名を刻むフランス料理の名シェフが登場します。

彼らがもたらした「ヌーベル・キュイジーヌ」という意味さえ知らなかった当時、料理人を志したばかりの僕は、東京の名もなきレストランでの下働きから始め、いくつか職場を転々としながら町場の洋食屋に仕えていました。化学調味料でだしをとったり、ベシャメルソースを作るときには水で薄めた牛乳を使うなど、日々代わり映えのしない理想とは程遠い環境に、早晩、僕の頭の中では本場フランスで修業すべきだとの想いが強くなっていきます。

働きながら語学学校へ通い、お金を貯めパリを目指しました。縁故もなんのつてもない状態で観光ビザと片道切符だけを手に、横浜港から船に乗りウラジオストク（現在「ロシア」、当時「ソビエト」）を経由し、シベリア鉄道でフランスへと向かった無謀な20代の僕がいました。

「なんとかなるだろう」という楽観は若さゆえで、未知の世界への期待と冒険心で満ち溢れていました。見る、聞く、食べるものすべてが新鮮で毎日が楽しい。そんな興奮を日本の家族や友人にも伝えたくて、アエログラム（日本では90円）という折りたたみ航空郵便を1度に30枚ずつ買ってきては書き綴り、多い年で400通以上も出しました。

『パリの土とは犬のフンです。歩くとよくふんづけます。朝暗いうちに移民の人たちが竹ボウキではき、道路のわきから出てくる水で流してしまいます。肉屋へ行くと豚の頭がデンと座りサングラスをかけています。ウサギも皮がはがされ、鳥肉と一緒にぶらさがっています……』

パソコンも携帯もネットもない時代、簡単に国際電話もかけられず、安価な通信手段は手紙だけ。でも不便な分、得られる情報は新鮮で希少価値があり、書いて熱中することで淋しさと先行きの不安をまぎらわせていました。

まずはパリ市内の語学学校へ身を寄せ、下宿生活をしながら仕事を探し求める日々です。探し始めはレストランの裏口をトントンと叩いたりしての飛び込みでの交渉がほとんどで、断られる度にさまざまな策を試みます。客として入り、料理を褒め、コミュニケーションが図れるといよいよ目的を切り出してみます。

しかしどの店でも「労働ビザはあるのか?」と訊かれ、「いや、ないけれど、給料もいらないし、食べさせてもらえるだけでいいので」と食い下がりますが、それまでの態度とは手のひらを返したように冷たくあしらわれてしまいます。

現地の人と知り合い、そのつてから探そうともしました。パリからボルドー、リヨン、マルセイユとヒッチハイクしました。

やがて運転手と仲良くして同情を買うという作戦を考え、自動車の耐久レースで有名なル・マンの人に乗せてもらったときのことです。

「独り暮らしの母がここに住んでいて、今晩一緒に食事をするので一緒にどう? よければ泊まってもかまわないよ」

さっそくお言葉に甘え、連れていってもらいました。国道から敷地に入ると、途中に川が流れ橋を渡ったあたりから、これはただならぬお屋敷だと度肝を抜かれます。

夕食は簡素でしたが、そのあとで大きな部屋に案内されました。シカやイノシシの頭の剥製や日本の大きな陶器の皿が壁一面にかかっています。テーブルの上にはアンティークランプがいっぱいあり、大理石の置き時計を指さし「あれはナポレオンがくれた」とさりげなく言います。

彼女が古いピアノの前に座り、カバーをあけるとロウソクの燭台が飛び出る造りになっていて、やがて曲を弾き始めました。僕は聞いているうちに昼間の疲れとワインでウトウトしはじめました。ところがなんと、彼女は自分の演奏に心打たれたと思い込み大変喜んでくれました。

翌朝、食事を終えて庭に出てみると、鉄骨で組まれた台の上では大きな風車が回っているではありませんか。フランスの代々つづく名家のすごさと奥深さに、ただただため息ばかり。

この縁も結果としてはうまくいきません。そうこうしているうちに、1975年3月に日本を出てから半年が過ぎようとしていました。イタリアまでも足を延ばしましたが、やっぱりダメです。

最果ての「聖なる島《イル・ド・サン》」

さまようなか、各地で出合った美味しいものは詳しくメモしておきました。

気づけば9月、フランス北部ブルターニュ地方のオーディエルヌという小さな港町に来ていました。その海の先にはイル・ド・サン（聖なる島）という島があり、海の幸を目当てに観光客が船で1時間半ほどかけて渡っています。人口約300人、標高の高い所で海抜10メートルほどの小さな島で、島に2軒あるレストランのうちジャックという主《あるじ》の名がついた店でランチをとり、魚介スープが大変おいしかったので称賛しました。

「日本からやってきたのですが、じつは修業の身です。あまりに美味しいので作り方を教えてください」

ずばり単刀直入に懇願しました。

すると、主人のジャックは明朝来てくれたら教えてやると言います。

約束し、島に1軒しかない宿泊施設をあたりましたが満杯です。でも辺鄙《へんぴ》なところだからこそ、なんとかなるかもしれないと一縷《いちる》の望みをつなぎ、これまでヒッチハイクで鍛えた野宿を決めました。

ところがその島は風が強いのなんの。遮るために石を積み上げた石垣が縦横無尽に走

修業先を求め、ヨーロッパを巡る旅
（1975年3月から9月）

1.
「世界最高のフランス料理を学びに日本からきた。食事と寝場所があれば無給でいいので修業をさせて」――パリからボルドー、リヨン、マルセイユまでヒッチハイクし、丸暗記のフランス語で交渉し続けるも、全戦全敗。何軒か訪問すればどこかで契約がもらえたセールスマン時代の自信も次第になくなり……。

2.
列車でイタリアに。ローマ、ナポリ、シチリア島まで南下。マカロニを食べた店で厨房を見せてもらうと、トマトソースに角砂糖をポンポン投げ込むのを見てびっくり。欧州では料理に砂糖は使わないと思っていたのに。遺跡見物もしたが、修業先は見つからず。

3.
再びフランス、今度はブルターニュへ。オーディエルヌから船でイル・ド・サンに渡り、レストラン・ジャックに出合う。

り、畑や野原を守っているほどです。寝袋はなく、服をめいっぱい着てタオルを上にはおってはみましたが寝付けません。すでに9月に入り、緯度からすれば北海道よりも北に位置しています。陽が沈むと海風が急に強く、冷たさを増し、眠るどころか、じっとしていることに耐えられなくなり、どこか建物に退避しないと凍え死にしそう。あたりは真っ暗で、トボトボ海岸線を歩いてると小さな網小屋を見つけ、そこに身を寄せてなんとか助かり、凌《しの》げました。

朝を待ち、レストラン・ジャックに駆け込むと仕込みの最中でした。

さっそく手伝うことになり、これで修業に入れるかもしれないとの期待から寒さも忘れ、一気に胸が膨らみます。もうどの街だとか、レストランのレベルとかの問題ではなく、どこでもいいから自分の居場所が欲しかった。

料理人は口ひげをはやしたシェフのジャックひとりに、サービスは奥さんのマリーとその娘があたります。飲み物のあるバーは弟のジョノウェル、皿洗いはマリーのお母さんと叔母さんがやっていました。お客さんは午前中に本土から船でやって来るフランス人で、ほとんどが昼飯を食べたあと午後の便で帰ります。目的はただひとつ、島の周りでとれる魚介類、とくにカニやオマールに舌鼓を打つことでした。

仕込みは、朝穫りの活きたアラニエというズワイガニに似たのを50キロ茹でます。ガラテというアカザエビみたいなのも10キロ茹でます。昨日褒めたスープは、魚のアラと野菜を炒めてから水を足し、トマトペースト、カレー粉、サフラン、オレガノなどを入れてだしをとって漉《こ》します。そのあと、やわらかく練ったバターに小麦粉を入れて練り合わせたブールマニエでつなぎ、最後にリカール（RICARD）というウイキョウ酒の一種をドボドボと入れて見せてくれました。

僕にとっては渡仏後初めての経験であり、ここで足がかりを得たい一心から、ありったけの言葉と身振り手振りをもって料理に対する情熱をぶつけました。もちろん労働ビザがない件も訊かれる前に話しました。

ジャックは答えました。

「今年の夏の営業はもう終わりだから、来年6月ごろに来い」

ようやくたどり着いたのだと少しは安堵しました。

「ところでお前、昨晩どこに泊まった？」

ジャックに訊かれ、

「リュックを背に当て、タオルを肩から足もとまで包んでも寒くて耐えられず、網小屋に避難した」

正直に話すと、

「そのまま寝ていたら死んだかもな。よく無事でいたな」

と、呆れ顔。

フランスに来て半年余り、最果ての小さな島でなんとかきっかけをつかみ、午後の船便で島を離れました。

まだまだ、必死の職探しはつづきます。

――来年の6月までは仕事をしなければ……。

「白い十字架」への誘い

11月、フランスから鉄道で大西洋側の国境を越え、初めてスペインに入ってみて降りた駅がサンセバスチャンでした。

駅の隣にあった小さなホテルにチェックインし、外で夕食をすませ、ホテルに戻ってからカウンター越しにフランス語が話せる女主人に訊きました。

「仕事を探しているのですが?」

「このホテルではダメ」

またも断られましたが、サンセバスチャンに伝わる独特な料理の話題になりました。

「この街には〝小イカの墨煮〟というスペシャル料理があるのよ」

「僕の生まれ育った函館にもイカの内臓を使った〝イカの塩辛〟というのがあります」

「一度、食べてみたいわ」

アルコールの勢いで、調子よく買って出ました。

「明日、作りましょう」

翌朝、起きてすぐ安請け合いしたことを後悔しましたが、時すでに遅し。約束したのに日本人はいい加減だと思われるのは嫌だし、仕方なく市場へ行き、イカを買ってホテルに戻り、女主人に厨房はどこかと訊きました。

「どうして?」

女主人は不思議そうに問い返します。僕は買い物袋を見せ、

「昨晩、イカの塩辛を作ると約束したのでこれから作ります」

そう応えると、彼女は驚いた表情を浮かべ、すぐさま厨房へと案内してくれました。

ところが残念なことに、買えたのはヤリイカで、切り裂くと内臓が小さく、塩辛には肥えた内臓が必要なのでこのイカでは作れないのだと事情を説明しました。

「あなたは酔っていて、調子よく合わせてくれただけだと思っていたのに。一見の客に過ぎない人が、まさか本当に約束を守ってくれるとは」

前もって考えていてくれたかのように、すぐにこう切り出しました。

「わたしの所よりも、この街にはスペインで3本の指に入る有名シェフがいるの。そう、あなたはそこに行きなさい、今、話してあげるから」

すぐに電話してくれ、さらに日本でいう保証人になってくれたのです。

紙に地図と電話番号を書いてもらい、「早く」とうながされ、半信半疑でしたがとりあえず行ってみることにしました。

思い返せば、そこでは2つの事柄が重なっています。ひとつは約束を守り行動したこと。2つ目は、間に合わせのいい加減な料理でごまかそうとしなかったこと。そこに思いもよらぬイカの縁による信頼が生じました。

店は、幹線よりバスで10分ほど入った所にある小さな村から、さらにバスのない山道を40分以上歩いて登った場所にありました。

無論、そのシェフがどんな人物かも知らず、フランス料理に固執していましたから内心こみあげてくるようなうれしさはありません。街からはだんだん遠ざかり、背負っていたリュックサックがひと際重く感じられ、汗まみれで息を切らせながら、本当にこの先に未来があるのだろうかと懐疑的になっていました。

メモに書いてくれた「グルッチェ・ベリ（Gurutze-Beri）」という名の店に着くと、そこはレストランがメインで宿泊施設もありました。

スペインでは有名なシェフだというルイス・イリサール（Luis Irizar）は軽く微笑んで、大きく厚い手を差し伸べ、握手で迎え入れてくれました。

軽い挨拶のあと、すぐに屋根裏の従業員が寝泊まりする部屋に案内され白衣を渡されました。スペイン語は全然わかりませんでしたがなんとなく伝わり、着替えてから階下に降りました。

厨房に案内されると、スタッフは食事をしていました。

料理人らしき人だけでも15人ほどいて、若者に手招きされ、一緒に昼飯を食べろとうながされます。

見ると大きな銀盤にはサラダがあり、ゆで卵、ツナの油漬け、アンチョビの塩油漬け、レタス、トマト、玉ネギが山のように盛られ、もうひとつの皿には肉団子のトマト煮が野菜と一緒にドドーンとあります。どうもひと皿目はサラダ、ふた皿目にメインの肉という順番で食べるらしく、とりあえず席に着きいただくことに。

――オーッ、信じられないくらい美味しい！

その上、昼だというのに皆ワインを飲んでいるではありませんか。

昼の営業前の食事とは思えない、夢のような豪華な賄《まかな》いです。普段は別室で食べるというルイスもこのときは一緒に席に着き、どんな経歴かをフランス語で訊いてきました。ルイスはハビエルというシェフとここの共同オーナーをしていました。

いよいよメインの肉団子のトマト煮、これもたまりません。

そこで思わず訊いてしまいました。

「今日は、なにか特別な日の食事ですか?」

「いや、普段の昼飯さ。好きなだけ食べろ、さぁ」

そうルイスに勧められました。

先細る一方の放浪生活で、食べたくても残り少ないお金のことや不安から極限まで辛抱していました。「好きなだけ食べろ」とは親に言われて以来久しく、言葉にならない感情が、その温もりに耐えきれず堰を切ってあふれでました。

日本を離れ、いかに自分が無力かを思い知らされた日々に、ようやく終止符が打たれたのです。

のちに「グルッチェ・ベリ」とは、バスク旗の根幹をなす「白い十字架」の意味と知りました。

いきなり訪れた新世界

そのあとすぐ「ここでやれ」という指示で、オープン前のホセチョという料理人の後ろに付くことになりました。

すごいと感じたのは、後ろにいる僕に向かってホセチョは躊躇《ちゅうちょ》することなく、普段仲間と交わすような調子でガンガン話してきます。僕は突然やって来た外国人なのだから、最初はそれなりにわかりやすく接するのが常識だと思うのだがそうではない。

当初、ホセチョはオープン前での仕事の説明をしているのかと推測しましたが、なにを言っているのかさっぱりわかりません。そのうち僕に向かって「トライ・メ・サナオリア」と命令口調になります。なにかをしろと伝えていると感じましたが、その「なにか」がわからず、とっさに僕の側にいたイナシオという若者に「トライ・メ・サナオリア」と同じ言葉をくり返して言ってみました。するとイナシオはニンジンを持ってきて、それを僕がホセチョに渡すと「スィスィ」と納得顔で応えます。

つづいて僕に向かって「トライ・メ・セボイヤ」と。また伝令のようにイナシオに言うと今度はタマネギを持ってきて、それをホセチョに渡すと「スィスィ」と応えます。「スィスィ」の「スィ（Si）」は英語の「イエス（Yes）」にあたります。そうか、「トライ・

メ」というのが「持ってこい」で、「サナオリア」が「ニンジン」、「セボイヤ」は「タマネギ」だとわかります。昨日までのフランス語から今度はいきなりのスペイン語生活です。

やがて、昼休みになると日本人が珍しくもあり、面白がって若い料理人がまとわり付くような雰囲気が生まれ、指で物をさしては単語を話します。ビノ（ワイン）、コッパ（グラス）……。若かったので次々と憶えていきました。

さっそく日本に手紙を書き、学生時代の友人鈴木敏雄君にスペイン語文法の本を送ってもらい、文法通り憶えようとするのですが、それ以上に周りで話している言葉が耳に残ります。その結果、身に着いた僕のスペイン語は、バスクの若者らが話すスラング（卑語・俗語）の多い、助詞もなく現在形や過去形が入り混ったすごい言葉になっていきました。

後年、帰国して自分の店を開いてから2年に1度はサンセバスチャンへと足を運んでいたある日のこと、ラジオ・サンセバスチャンに料理番組をもつ知人から誘われて出たことがあります。マイクに向かって僕が話し始めると、ガラス越しに見つめているディレクターらしき人が大声で叫び始めました。耳にかけたヘッドホンを通して、「なんとかこの日本人の話をやめさせろ！」みたいなことを言っています。日曜日11時30分からの生放送で、有名なシェフとも電話で話します。僕は普通にしゃべっているつもりが、公共放送では禁止用語のスラングだとは知らないで話してました。でも一緒に出たルイスなどは知らん顔でした。

さて、思いもよらなかったバスクでの生活は、それまで何軒ものレストランに修業を断られ、流浪し、悩み、不安でひとり孤独に怯えていた日々が嘘のようです。

当時、スペインでも流行っていた香港の空手アクション映画の影響か、若い料理人はさかんに「KARATE（空手）！　JUDO（柔道）！」と言ってはモーションをかけてきます。僕はもちろん格闘技の経験はないけれど、一応それらしき格好をして「アチョ、アチョー」と応えます。格好はいい加減だけど「シンパティコ（親密である）」と受け取られました。

年配のコックは、どのくらいできる料理人か値踏みをしていたと思います。日本の有名店にいたわけではなく、ヨーロッパでの実績もない僕は、ルイスにも軽く受け止められたのかもしれません。ともあれ、その後の生き方に大きな影響を与えてくれたレストラン・グルッチェ・ベリで、そしてルイス・イリサールの下での修業が始まったのです。

虐げられていたバスク語を話す人

レストラン・グルッチェ・ベリは、サンセバスチャンの中心から11キロくらい離れたオイヤルソンという小さな村のはずれにあります。

周りは丘陵地帯で、平らなところでは野菜を作り、斜面では羊や牛を放牧していました。農家がぽつりぽつりと建っていて、レストラン前の道路を隔てた向かいに2軒のバルがあるだけで、ほかに商店らしきものはありません。時々羊飼いが、肩からワインの入った革袋を提げ山に向かって登っていました。

1970年代後半はまだのんびりしていて、僕らは屋根裏部屋で寝食を共にしていました。今では近くに高速道路の出口があり、他国ナンバーの車がレストランの前を走っていて、近くには別荘も点在しています。

山道を40分くらい歩いて下ると、教会のある小さな集落になっていて、そこがオイヤルソン村の中心です。広場に面してバルやブティック、小さな電器屋さんなど日用品はそこで買えます。そこからはシートが破れ、窓ガラスも何カ所かガムテープを貼ったおんぼろ定期バスで10分ほどのレンテリヤという所まで行き、さらにバスを乗り換えてサンセバスチャンまでは15分ほどかかります。

バスク地方とは、スペインとフランスの国境をまたいだエリアで、独自の文化と言語をもっています。気候は温暖で、緑に恵まれた自然は山海の珍味にあふれ、とくに鱈《たら》（バカラオ bacalao）が食文化の根底にあり、保存食として鱈の塩漬けや干物を戻した料理が有名です。

バスク人は独立心の高い民族と言われています。僕がグルッチェ・ベリにいたときは、スペイン内戦で勝ったフランコ将軍の独裁色が残る政権の末期でした。内戦で対する共和国側についたバスクは中央政府から睨まれ、家の外でバスク語を話していると警察に捕らえられてしまいます。バスク語はスペイン語（カスティーリャ語）とまったく違い、難しいので悪魔の言葉とか、話す人口が少ないことから消滅するとまで言われていました。

グルッチェ・ベリの料理人は、アンダルシア出身のパティシエひとりを除き、ほかは皆バスク人です。厨房ではバスク語とスペイン語が半々でしたが、僕はスペイン語で話しました。

僕がいたときにフランコが亡くなり、政権も変わって徐々に民主化されていく途上にありました。だんだん言葉にも慣れて、バルで注文するときに簡単なバスク語を話すと喜ばれることを知り、調子に乗って歌まで口ずさみ大ウケしたこともあります。はっきり言えることは、バスク人であることの定義とは、血縁や容姿などではなく、バスク語を話す民族だということです。

食前酒と週末の戦場

グルッチェ・ベリでは80席のメインダイニングがありましたが、営業の中心は週末の結婚式などの宴会や会食でした。合わせると全部で1000席もあり、土曜の昼と夜、そして日曜日の昼はたいてい全部が埋まります。バルもあり、レストランが休憩する午後の時間も開けていて、天気のいい日はテラスにもお客さんが大勢いました。

日曜の仕込みが終わると各ポジションのシェフが集まり、段取りや週末の過ごし方の話題（休みは日曜の夜と月曜日）で盛り上がりながら普段店では出さない食材、たとえばローストする鶏から出てくる内臓や量の少ない貴重なキノコ、そして試食のための材料などを調理し、それをアテに食前酒を飲みます。

バルのサービス人が全員の注文をとり、僕も料理の下拵《ごしら》えをしながら食前酒を飲みました。そのあとの昼食は週1番の御馳走が出ます。前菜のサラダや豆料理の後、ローストチキンがひとりに半羽とか、牛モモ肉の薄切りステーキ（フィレテ・ア・ラプランチャ）

だとか。食後は各自冷蔵庫内にある好きな果物を持ってきて最後にコーヒーとなります。

初めはびっくり仰天、昼食にワインを飲めるだけでもありがたいと思っていたのに、食前酒もＯＫなんて想像すらしていませんでした。なにはさておき第一に食事の楽しみを優先する。なんというゆとりある人間本来の生き方でしょうか。その次に仕事となるのですが、当時でもこの職場環境は恵まれていてそれはルイスの考えによるものでした。

スペインならではの、いい加減さの中にあるゆとりもまたいいものであり、それを体験できたことに今もって感謝しています。

賄いを食べ終わると、いざ戦場と化します。宴会場では10人くらい着席のテーブルに対し、女性がひとりの割合でサービスに付きます。お客さんの満足度がチップに反映されるので皆必死。冷たいオードブルに温かいオードブル、スープ、魚介料理、肉料理、デザートとフルコースで出していた時代です。今では2皿のコースが主流で、そのころ一緒に働いていた仲間が、「そうだ、あのときは腹一杯食べるのが喜びだった。出口には重曹の山がどんぶりに入っていて、帰りがけにスプーンで口に入れて胸焼けを押さえていたな」と懐かしそうに語っていたことを思い出します。

サービスの年配の女性からは、厨房の料理人に「早く！」「この盛りつけはなんなの！」「量が少なすぎる！」「ぬるい！」などと矢のように注文や文句が飛んできます。それに対して「うるさい」、「早く持って行け！」とケンカ腰の状況になっていきます。

ときには、自分の受け持ちの料理が遅いとわかると他人の分を勝手に持って行ったり、ナイフやフォークの交換が間に合わないと隣のテーブルに並んでいるのを失敬してセットしたり。するとその持ち場から持ち去られたサービス人はカンカンに怒り、誰かが泣くことにもなります。怒鳴り合い、大げさな身振り手振りで自己主張していますが、そんなことをしている時間があったら、さっさと食器棚から持ってきてセットしたり、料理人に早くしてくれと頼めばいいのに……。

高みの見物よろしく、ドタバタ喜劇を見ているようでした。ただし彼女らの仕事ぶりは真剣そのもの、10人分の熱い料理の皿を、腕にタオルを2重に置いた上に一気に載せて運んだりと、できたての美味しさを届けようと懸命でした。

夢にまで見た理想の調理場

戦場と化す土日以外は、仕込み作業にあてます。

ある日のこと、皆で大きなバット（容器）を取り囲みおしゃべりしながら作業していました。僕もその中に入ってみると、なんと死んだハトが山積みになっているではありませんか。気持ち悪さを必死にガマンし、なに食わぬ顔で皆の真似をして手を動かし、ハトの毛をむしり取りますが、こんな経験は初めてで内心はドキドキ。

また別の日には、近くの農家の人が麻袋を調理場へ持ち込み、無造作に置いていきました。その袋がモソモソと動くので黙って見ていると、若いコックが面白がって袋のヒモを解き、中の物を取り出しました。

ウサギ、カモ、ニワトリなどが続々と出てきます。そして僕の顔をみてニヤリと笑い、ウサギの足首を持ち首の根っこを空手のように手で叩いて脳震盪《のうしんとう》を起こさせ、首の頸動脈を切って屠《ほふ》るのです。それから腹を割いて、心臓を絞って血をボールに取り、それをソースに使います。肉は唐揚げとシチュー、それに背骨についたロース部はローストします。毛皮は塩漬けしておき業者に鞣《なめ》してもらいます。

シカやイノシシの場合は内臓を取り除いた状態で1頭丸ごと持ち込まれ、皮を剥《は》がし、肉はロースト、ステーキ、シチューなど、部位によって調理法を使い分けていました。毛皮は同じく塩漬けにしておき、その毛皮や足はさばいた料理人のものとなり、後日敷物や帽子掛けなどに使われます。

この場面に出くわしたとき、それまでは頭に描いていただけだった理想の調理がまさに目の前で繰りひろげられ、そこに自分がいるだけで感動を覚えました。

ある日、同僚のコック、イナシオ少年から「マタンサ（屠殺）の儀式をやるからうちにおいでよ」と誘われました。

彼の家に行くと前日から餌をやらず腹を空かせた豚が1頭いました。家族全員でその豚を家畜小屋の台の上に置きます。豚は「キーキー」と悲鳴をあげますが、お父さんが心臓に包丁をひと刺し。流れ出る血をお母さんが盥《たらい》で受け取ります。子どもたちは心臓に近い左前足を振って、最後の1滴まで血を抜き、そして解体されます。

道路に生えているワラビの葉で皮膚の毛を焼き、後ろ足を縛ってから梁《はり》に吊るします。モモ肉は生ハムに、ロースは親戚や近所の人たちに配ったりして、塩、コショウで焼いて食べ、バラ肉と肩肉はソーセージの材料にし、骨はスープに使われます。

また、レストランでは、毎晩農家の人から牛乳を仕入れては大きな鍋に入れて沸騰させて殺菌し、翌朝冷めてから冷蔵庫に保存しておきます。昔、実家で湯川の牧場から1週間に3度、一升瓶で届く牛乳と同じ処理をやっているのを見て郷愁を感じました。

フォン（焼き目を付けた肉や骨のだし）やフュメ（魚のだし）、ブイヨン（肉を焼かないでとっただし）やコンソメなど、雑なところもあるにせよちゃんと一から作ります。

季節になるとビンナガやキノコの瓶詰めを作り、雨上がりには皆で箱を持ち、水がちょろちょろ流れている側溝や、なぜか硬い葉の裏側についているカタツムリを捕まえます。

カタツムリはプラスチックの箱に入れ、小麦粉をふりかけて冷蔵庫に3日くらい飼っておき、小麦粉を食べさせて腹の中がきれいになったら1度洗い、塩水で茹でます。楊枝で身を取り、しっぽを除いた後、生ハムとトマトソースで煮ます。

また、林に分け入ってはデザート用の栗拾いもしました。皮に傷をつけてオーブンで焼き、皮をむいてジビエ（狩猟肉）のつけ合わせにもしました。当時はまだスペインのパン屋にはなかった食パンを焼いたり、もちろんデザートもパティシエがすべて一から作っていました。

太陽エネルギーから始まり、食物連鎖の最終となるひと皿に仕上げる役目を担う料理人——。

食べるために奪った命を、一片たりとも無駄にしない料理は、まさに僕が理想としていたこと。思い返すたびに、今ではほぼ失われてしまった夢のような調理環境が、当時のグルッチェ・ベリにはあったのです。

ひと夏のフランス滞在記

こうしてグルッチェ・ベリは理想であったはずでしたが、日本を発ったときの〝洋食の本場はフランス〟という観念が依然として僕のなかに根強く残っていました。

前年、ジャックの「6月になったなら来い」との言葉に引きずられ、ルイスに「去年約束したフランスの店に行きたい」と申し出ました。

すると、意外にもルイスはすんなり承諾して、生ハムを1本お土産に持たせてくれたばかりか、よかったらまた戻って来いと快く送り出してくれたのです。

スペインで修業できることになり、引き払ったパリの部屋の家主であるフランス人の女性に連絡してみると、「居間でよければ泊まって」と言ってくれたので、一旦はパリに行って泊めてもらいました。

そのときでした。彼女の夫が台所のコンロの横に椅子を持ってきて火にかけたものを食べています。訊くとチーズフォンデュだと言う。有名なスイス料理だとは知っていました。翌日、僕は市場でチーズを買って教えてもらった通り作り、食べてみました。ピザのチーズとも違う、豊潤で奥深い風味に驚きました。本物の味に巡り合う歓びはある日ある時突然やって来て、そういう記憶は生涯忘れられない味覚の記憶として刻まれます。

いよいよ、ブルターニュのイル・ド・サン（聖なる島）へ。

久しぶりに会ったジャックは快く迎えてくれ、笑いながら「今度は網小屋でなくコージのために親の家に部屋を用意しておいた」と。皿洗いのおばさんについて行くと、古い2階建ての建物でトイレも水道もなく、もちろんシャワー、風呂もなし。与えられた2階の部屋に行く途中の踊り場にバケツが置いてあり、木で作った西洋トイレの便座みたいな物がはまっています。後日、昼休みに部屋に戻る途中、1階にいるおじいさんがこのバケツに座っているシーンに何度か出くわしました。「ボンジュール、ムッシュ」と挨拶する姿が、今でも目に焼き付いて離れません。夕方になると、おばあさんがバケツを持って海岸に行き、きれいに洗ってくれるのでした。

滞在中は風呂やシャワーはなく、昼休みに海に入り立ち泳ぎしながら身体を洗い、水泳後も真水ですすぐこともなくそのまま過ごしました。乾燥していたし、若かったから苦になりませんでした。

この島の名物は甲殻類、とくにオマールが有名ですが、仕事は単調で、毎朝リヤカーを引き漁港から活きたアラニエ（ズワイガニの一種）やガラテ（アカザエビの一種）を仕入れ、カニだけでも50キロほど茹でます。

4、5日おきに「スープ・ドゥ・ブルトン」を作り、メインディッシュは魚と肉1品ずつ。ランチは毎日食材を変えながらも調理法は煮込むか焼くか。たとえばアンコウの場合だと1尾をばらし、骨を外して正肉にし、1.5センチほどの厚さに切って、深バットにバターを塗ってから並べ塩コショウをする。そこへ白ワインと、缶詰のトマト系のソースをふりかけオーブンに入れて火を通す。アンコウの骨はスープに使います。フュメ（だし）をとってソースにすることまではしていませんでした。グルッチェ・ベリと比べると本格的ではありませんでしたが、それでも憧れていたフランスで働いているという満足感があり、魚は新鮮そのもの。うれしかったのは、夕食時のオードブルにはアラニエを好きなだけ食べられたことでした。大きめの足を割り、肉を外し、マヨネーズとレモン汁を足して混ぜ、フランスパンにのせます。カニの身はとても甘くジューシーで、いやしくも毎日毎日、口の周りがかゆくなるほど食べまくりました。

辛口のテーブルワインを飲みながらですが、ある日ミュスカデ・シュール・リーという銘柄の白ワインを飲んだときは、こんなに美味しいワインがあるのかと思うくらいマリアージュ（結婚＝相性・取り合わせ）がいかに大切かを覚えました。

夕食では明かりをつけず自然光で食事をします。ジャックにマダムのマリー、それにふたりの女の子と男の子がひとり、マリーのお母さんにおばさん、マリーの弟のバルマンのジョノウェル、そして僕とで食卓を囲みました。フランスの夏時間（サマータイム＝1時間前倒しする制度）では、フランス西端に位置するブルターニュ地方の日暮れは夜9時ごろで、暗くなるまでゆっくりと食事を終えたら皆で散歩をします。

愛犬と野ウサギのいる野原まで行くと大いにはしゃぎ回り、皆ではやしたてます。とくに目的もなく、毎日灯台まで家族全員でおしゃべりをしながら1時間くらい歩きました。日本ではありえない、ほんとうの豊かさを知りました。

小さな島にはもちろん山も川もなく水は貴重です。魚介を茹でたお湯は寸胴鍋に入れたままジャックと運び、玉砂利石を敷き詰めた裏庭へ流します。するとお湯の中にあるカニやエビのアクの固まったタンパクが砂利の上に残ります。それをめがけて屋根にいる、少し野生化したニワトリが飛び降りてきてついばみます。

ニワトリのゲージには、毎朝息子のプティ・ジャックが入り、産みたての卵を取ってきてマヨネーズを作ります。ジャックは時々厨房の床にある敷板を外して中を覗き、裏庭に撒《ま》いたお湯が自然に濾過されて溜った貯水槽に鯉《こい》が泳いでいるのを確かめます。

「コージ、鯉が泳いでいるから飲用にはできないが、洗い物やトイレの排水に使える」

ここでは、探し求めていた理想の循環型生活を体験できました。

身体がガッチリして口ひげをはやしたジャックは、

「俺はブルトン（ブルターニュ人）で、パリのチャラチャラしたフランス人とは違う。昔のバイキングの末裔である」

と、胸を張り、時々ほぼ消えかけていたブルターニュ語を少しだけ話していました。

夏のイル・ド・サンに来て、平和な日々が2カ月くらい経ったころでした。

なじみの客が酔っ払い、あろうことかマリーにちょっかいをかけたのです。マリーは怒ってすぐさま旦那に告げると、ジャックは菓子作りに使うのし棒を持って、その男の頭をコツンと叩きました。強くはなかったのですが傷ができてしまい、なんと警察に訴え出ました。

サァ大変！　店に日本人がいるとなれば労働許可証を疑われるかもしれません。ジャックは僕に、「お前はここで働いてなかった。知人の友人でバカンスを楽しんでいたことにしよう」と言いました。周りは皆いい人ばかりでしたが、もしも警察が動けば大変なことに。こうなれば仕方なく、単調な調理生活にも少し飽きていたこともあり、急ぎスペインへと戻ることに決めました。

「5本のフォーク」に見た風景

グルッチェ・ベリに戻ってみると、なんとルイスは待っていたかのように喜んでくれました。

「今度、同じ施設内に5本のフォークのダイニングを開店するので、そこの肉部門を手伝ってくれ」

と、頼まれました。「5本のフォーク」とはスペインのレストランの格を示すもので、フォークの数は0から5本まであり、5本だとドアボーイ、3カ国語以上話す支配人、ワインは何種類以上が必要、冷暖房がある……等々、国の基準で決められています。ミシュランの星と違い、味で決められているのではありません。ミシュランも近年は味の基準よりは創造性を大事にしているきらいがありますが。

「5本のフォーク」は総合的な食事の豊かさを表していて、手間のかかる珍しい高級食材を使った料理が多くなります。

スペインの夕食は9時ごろから始まり、土曜の夜などは11時ごろに食事が終わると男はカード（トランプ）をやり始めます。テーブルを囲み、食後のコーヒーとブランデーを飲みながら延々とつづきます。料理人は帰ってしまいますが、ホールの責任者とバルマンは残っており、葉巻、コーヒー、ブランデーを供します。お腹いっぱい美味しい物を食べ、気の置けない友人とカードを楽しむ。クラシックですが至福の時間です。バルマンはサービスをしつつ小型ラジオから流れるサッカー中継を聞いたりして、これまた楽しんでいます。男性は阿吽《あうん》の呼吸でゆっくりと時を過ごしていて、女性は別テーブルで甘いパッチャランというお酒や、コーヒーを飲みながらおしゃべりしています。

客は遅くまでいる代わりに、帰るときにはたんまりとチップを置いていくので働いている側は文句を言いません。日本と違い、食事も食後も夫婦一緒のことが多かったし、食事を楽しむというのは、食前酒と軽いピンチョスから始まり、食後のカードまでを含むのだと理解しました。

再びルイスの下で働き始めて1カ月ほど経ったころ、肉担当のレリンというシェフが「お前に任せる」と言い残し逃げてしまいました。よくある話ですが、細かく手間のかかる仕事を嫌がるのです。あとはやるしかないと懸命に努力し、分からないことがあればルイスに訊きながら、さらに上を目指す気持ちで仕事に没頭していきました。

就眠前には翌日の流れを頭の中で描き、時間の無駄のないようにイメージトレーニングをして充実の日々が過ぎていきました。

嗚呼、されど情熱の国スペイン――。

ここらで、身も心も恋焦がれた熱いラブロマンスを一節披露といきたいところですが、残念ながら浮いた話はありませんでした。

第4章　料理人の新たな扉

劇的に変わりゆく料理

1970年代のスペインの料理界は、フランス料理の影響を受けてクラシックからヌーベルに少し入ったころ。

でも、「5本のフォーク」のダイニングはクラシックな良さを表現していました。玄関にはドアボーイがおり、中では支配人が待っています。料理人が銀盤をマッシュポテトできれいに飾って料理を盛り、ホールの給仕人がダイニングまで運び、お客さんに見せてからナイフとフォークでカットして皿に取り分けていきます。

料理はこれでもかと思うほどバターを使い、重かったけれど、僕はここで料理人としての基本を納得できるまで学ぶことができました。多様な種類のだしをとり、ソースにするときはそれを煮詰め、食材に欠けている要素を補ってひと皿の完成度を高めます。

煮込みにしても、素材を柔らかくしてもエキスをできるだけ放出させません。

1頭の羊を解体して肉の部位をしっかり憶え、各特長を生かす調理法も知りました。ちなみに僕の店では今も羊は1頭買いし、シチュー、グリル、ロースト、香草焼き、オッソブッコ（骨付きスネ肉の輪切り煮）用に分けて調理しています。

また、豚の頭と豚足を買い、骨に沿って肉や皮を剥ぎ取り、それからカミソリで毛をそり、産毛は火で焼き切ります。1度洗って水からゆで、アク抜きしたあと柔らかくなるまで煮て……、2日がかりの長い工程を経て、手間をかけて食材を活かした最高の料理に仕上げていきます。

この料理は「モンドンギリョ」といい、2006年、バスクのオンダリビアという街に招待されて、講習会と美食会を催した折にひと皿として供しました。ところがほとんどの人々、料理人さえ知らなかったのです。食事が終わり、ルイスの家族がワンテーブルを囲んでいたので挨拶に行き、「この料理を誰も知らない。どうなってるんだ！」と話したら、隣にいた奥さんのビルヒーニャが待ってましたとばかりしゃべりました。

「最近の料理人は、手間をかけて作るのを嫌がるの。電気調理器具にばかり頼り、まるで電器屋さんみたい。そして、花で皿を飾ったり、皿にソースで模様を描いたりするのに力を注ぎ、このような手間のかかる料理を作れるのはあなたが最後かもよ」

たしかに、昨今のバスクの調理場を覗くと、昔とは違いハイテク機器がどんどん入ってきています。かつての大らかさというか、いい加減さのかけらもありません。有名店ほどそんな傾向が見られ、より進化発展したいという上昇志向の表れなのでしょうが、僕は一抹の寂しさを感じます。

グルッチェ・ベリ時代、一緒に働いていたエンリッケというホール係の息子が兄弟で料理人になり、ふたりが僕の店へ修業に来日したとき、「仔羊の解体を初めて見た」と語ったことがすべてを物語っています。

そういう僕も時代遅れにならぬよう、最低でも2年に1回はバスクに戻り、ルイスや昔の同僚に流行と新しい店、食材や調理法の変化などをつぶさに取材しています。そのたびに肌で感じるのは、彼らの変化は日本の比ではないということ。劇的に変わっているのです。

スペインでは、1986年のEEC（欧州経済共同体、現在のEU：欧州連合の前身）加盟を機に衛生基準が高まり厨房の管理状態が改善しますが、90年代になると、あらゆる意味でレストランの近代化が進みます。とくに2000年代以降、高級レストランでは個人の創造性とハイテク調理を重視する傾向が強まりました。「現代スペイン料理」は「前衛的」の代名詞にされたほどで、この変化のスピードには驚くしかありません。

修業時代の楽しみ

グルッチェ・ペリの朝は、9時に屋根裏部屋から下に降り、牛乳を温め前の日の残りのコーヒーを加えたカフェ・コン・レチェを大きなボールに満たし、ビスケットやその辺に転がっているバケットをちぎって浸し、朝飯にしていました。その後、厨房に入り、仕込みをして12時からの優雅な昼飯を終え、午後1時からランチの仕事に入り4時くらいに終えます。夜の営業は8時半からなので、8時に軽い夕食をすませ、11時ごろには仕事を終えます。

毎日、昼休みは4時間とたっぷりあるので、部屋で寝るときもありますが30分かけてサンセバスチャンへよく出かけました。6月から10月まではコンチャ海岸でよく泳いだものです。水温は意外に冷たかったけれど、サンタクララ島まで30分以上かけて泳いで行ったこともあります。そのあとは決まって旧市街地に行き、バルでビールやワインを飲みピンチョをつまんでました。お金はなく、休みの日もレストランには行けませんでしたが、バルで楽しむことはできた。とは言っても2、3軒がいいとこですが。

自分なりの贔屓店もでき、市場の向かい角にあるコロッケやフリットなどが美味しい店にはよく通いました。いつも賑わっていましたが、カウンターで飲み物を頼み、黒板を見ながら食べたいピンチョを1個だけ注文してました。そのバルは今でもあります。

別の広場に面したバルではエビの鉄板焼きがあり、ピンチョより少し値段は張ったけれど、ルイスからお小遣いをもらった時に食べました。その店はもうなくなり、おみやげ屋さんになっています。

冷たいピンチョスはカウンターに置かれた大皿に盛ってあるので、バルマンの顔を見て勝手に取って食べます。汚れた手を紙ナプキンでぬぐい、足元に捨て、「いくら?」と聞いて食べたものを指差し、飲んだものも自己申告します。ルイスに言わせると、「このようなシステムもバスクだからできる。マドリードだと嘘を言うので成り立たない」そうです。

近年はお客で満員の時が多く、カウンターまでなかなか進めず、やっとたどり着いたと思うと外国人と見られ、大きな皿を渡され好きなものを取るよう合図されます。大皿を持って金を払いカウンターを離れると、今では道路に面した壁に、折りたたみ式のテーブルがあり、そこにグラスや皿を置いて食べられます。僕は昔のような食べ方が好きなので、観光客があまり来ないグロス地区や、旧市街でも地元のオヤジさんたちが集まる、カウンターにきらびやかなピンチョスがなく、阿吽の呼吸でピンチョスが出てくる古いバルによく行きます。僕がいた当時は、ピンチョスのある店は全体の3分の1ほどで、週末だけ用意する店が多く、平日は華やかさをあまり感じませんでした。パンの上にゆで卵の半分と、茹でたエビをのせ、マヨネーズをかけたもの。アンチョビ(カタクチイワシ)の酢漬けや塩油漬け、青唐辛子の酢漬け、オリーブなどを楊枝で刺した「ヒルダ」とか。マグロのオイル漬けにマヨネーズをかけてパンにのせたものなどは、今でもバルの定番として残っています。

新しいピンチョスが出始めるのは1990年代半ばくらいからで、皿に花を飾ったり、パンの代わりにパイ生地を使い始めたり、目の前で小さなクロワッサンを焼いて生ハムやトルティージャを挟んだバルが出始めました。サンテルモ教会前の「クチャラ・デ・サンテルモ」(「サンテルモのスプーン」の意味)では、フォアグラのプランチャ(鉄板焼き)にリンゴのピュレを添えたものがピンチョスとして供され、新しい流れができました。

それ以後、ピンチョスの意味が、楊枝を刺したフィンガーフード的意味合いから、ひと皿の料理の分量を少なくしたミニチュア料理に広がっていきます。ちなみに、冷たいピンチョスは目の前にあるのでメニュー書きはなし。黒板には揚げものなど、温めたり揚げたりひと手間必要な料理名が書かれています。今はもうなんでもありで、日本の食材を使ったものも出てきています。いずれ焼き鳥や寿司、小さなおにぎりや餃子が並ぶようになるかもしれません。ピンチョスとは料理名でなく、食べ方であり、新しい料理に挑戦していくのがバスクの料理人の考えだとしたら、なにもおかしくはありません。

ルイスに、「このように、好きなものを少しずつ食べられる仕組みは、日本人に受ける」と言ったら、「どこの国の人も好きだ」と言われました。

仲間との豊かな時間

冬の太鼓祭りが有名ですが、じつはサンセバスチャンでは夏祭りの「セマナ・グランデ」がメイン。7月初めごろから9月末ごろまで、毎週どこかの町や村で行われ、予算次第で1週間だったり金土日の3日間だったり。夕方、街の広場にオーケストラと称する5人組バンドが現れて真夜中まで音楽を奏で、老若男女が集まり各自勝手に自分流の踊りを楽しみます。オイヤルソン村の祭りでは、遊び仲間に誘われ僕も花嫁に扮して街を一周しました。お酒を飲んでいて、終わったら好きなものを食べたり飲んだりさせると言われ、最後に広場で指輪の交換となり、周りから「キスしろ！」と大合唱されましたが、それだけは勘弁してもらいました。今でも「スーベロア」という星付きのレストランへ行くと、その時のことを冷やかされます。

バスクらしいのは力自慢の競技が開かれることです。綱引きや斧《おの》を使った丸太切り、有名な石の持ち上げや首の周りを1周させるのもあり、バスク人はスポーツで汗を流し、そのあとに食事を楽しむのが習わしです。

踊ったり走ったりしたあとには、魚箱に入った鮮度のいいイワシを網にのせて粗塩を振って炭火で焼き、レモンを搾って頬張りました。頭としっぽを手で持ち、かぶりつくとほろりと身が骨から外れて口に入り、そこへ地元の辛口白ワインを流し込みます。安くておいしく16尾食べたこともあったけれど、あとで襲われるゲップには辟易《へきえき》です。

毎年7月に開催される「牛追い祭り」と、五稜郭と同じ星形の城郭で有名なパンプローナ（ナバーラ州の州都）にも同僚と出かけたことがありました。着くと街のアチコチから音楽やらなにやら騒音が聞こえてきます。まずはバルに入って飲み、食べ、話し、そのうち知らない人たちのグループに入り込み、ギターに合わせて鍋のフタを叩いて行進します。ひと晩中その繰り返しのあと、朝7時の花火の合図を待って牛が放されます。一緒に走りだす大勢の人の中には牛の尻毛を持つ人も。僕も走り始めたものの、思ったより牛はデカくて、怖くなって2重の木柵で遮断された通りに避難しました。

近くの広場に出て芝生に座ると、極度の緊張と疲れから眠ってしまい、気付いたときには太陽が真上にあり、顔に手を当てると汗とホコリが乾いてゴワゴワして、気持ち悪かったこと……。

当時は給料制ではなく、時々お小遣いをもらう程度でしたが、食住付きであり、普段は問題ありません。たまに休みの日に声がかかり、お得意さんのための会食を手伝うこともありました。終わるとルイスはレストランに連れて行ってくれ、家族と一緒に食事をします。家族も優しく、夫妻が自分の両親のように思えたほどです。

どうしてもお金が必要なときは函館の親に手紙を書き、パリに住んでいた幼なじみの絵描きさん夫婦の銀行口座に振り込みしてもらい、汽車に乗って12時間かけ取りに行きました。もちろん電話も使えなければキャッシュカード、クレジットカードもありません。当時ヨーロッパで銀行を使い、日本から送金してもらえるのはパリの東京銀行しかなく、口座を開くためには滞在ビザが必要でしたが僕は観光ビザのままでした。

ときには料理人仲間から誘われ、グルッチェ・ベリから独立した料理人の店にも行きました。皆普段よりいい服を着て、店に行く前にバルを2軒ほど回って食前酒を飲み、勢いづけてから入ります。冗談を言い合い、挨拶を交わして座っての食事となります。まずメニューをじっくり見て、各自の好きな料理を注文してからワインの選択に入ります。ワインは割り勘でしたが料理代金は別々で、皆と同じく2皿を注文し、牛肉の薄切りステーキなど安い料理を注文してました。

日本では料理人仲間とこんな食事会をした経験はありません。帰国後もこの楽しみを共有したくて何度か誘ってみましたが断られました。習慣が違うので仕方ないけれど、料理人がゆっくり食事を楽しむことを知らないことには疑問を感じました。当時のスペインの通貨はペセタの時代で、仲間も給料は安かったと思うけど、食事を楽しむという豊かな習慣だけは本当にうらやましい限りでした。

ある日、大柄なひげを生やした男が厨房に入ってきました。昔グルッチェ・ベリで働き、その後トルコのイスタンブールにあるヒルトン・ホテルの料理長をしているという。調理場を一巡したあとで僕に声をかけてきました。

「オマエは日本人か？　もしトルコ料理を勉強したければ俺の所に来い。いくらでも雇ってやる」

「本当か？」

「オレはバスク人だ、ウソつかない。いつでも来い」

つぎに、今度はスイス人のロベルトという男が来ました。

「オレも昔ここで働いていた。豪華客船クイーンエリザベスで仕事をして、日本に行ったこともある。今は親のあとを継いで小さなホテルを経営している。もしスイス料理を勉強したかったならば俺のホテルへ来い。3カ月以内ならビザはいらない」

グルッチェ・ベリ出身の料理人が世界中で活躍していることを知り、自分の頭にあった料理人像がいかに小さく、世界観も狭かったかを思い知らされました。

いろいろな国の料理を知るのも勉強になると思い、さっそくルイスに相談。

「料理人が多くの国の料理を知るのはいいことだ。これからはオリジナリティが求められてくるだろう。きっとそのときに役立つ。ふたりともいいやつなのでバカンスを挟んで行ってみたらどうだい？」

日本にいたら考えられない！

国柄で培われる料理

まずはスイスのロベルトを訪ねてみました。親から譲り受けて経営していた小さなホテルは、ヨーロッパで最も古い木橋で有名なルツェルンから車で10分ほどのメーゲン（MEGGEN）というところにありました。

ホテル・クロイツ（HOTEL KREUZ：ドイツ語で「ホテル十字架」）は小高い丘に建ち、道路を挟んでスイスらしく眼下には湖が広がり、遠くには雪を抱いた山々も望めるじつに眺望のよい場所です。木造の5階建ての建物で、奥に200人くらい入れる宴会場もあります。スイス料理といえば、あのパリで食べたチーズフォンデュしか知りませんでしたが、産業は時計などの精密機械が有名で、永世中立国ということにも以前から興味を抱いていました。

ロベルトはホテルを姉のマリーとふたりで経営しており、普段は昼のランチがメインでたまに結婚式が入ります。ランチは日替わりで、豚ロースのパン粉付け焼き（日本の焼きトンカツ）を多く出していました。

ロベルトは意識的にスイス独自の料理を教えてくれ、近くのソーセージ屋さんには1日見習いとして入れてくれました。詰める中身をミンチにするとき、氷を入れるのには驚きました。肉の温度を上げないよう、そして水分を足すことでジューシーさを補うのです。使っている機械類を丁寧に説明してくれましたが、残念ながらドイツ語でしたので半分しか分かりません。

ホテルの地下にも案内してくれましたが、ボイラーが重油でも薪でも稼働し、「いざとなったなら国境を封鎖し国内に生えている木を燃料にする」と言い、分解した機関銃と軍装備一式まで見せてくれました。「なにがコトかあればこれで駆けつける。この地下には1年間分の食糧をストックしてあり、今食べているパンは1年前の小麦粉だ」と。

——なるほど、だからボソボソなのか。

さらに、奥庭で飼っているウサギは食用だと聞かされ、永世中立国ならではの備えを知ることができました。

海のないスイスの淡水魚の料理方法や、チーズの使い方なども教えてくれました。茹でスパゲティに細切りにした大量のグリエールチーズをかけたり、内臓を取った鱒《ます》を丸ごと白ワインで蒸し、出てきた汁は煮詰めてクリームを足し、鱒の皮を取り除きソースをかけてサラマンドゥル（焦げ目をつける機器）でグラタンにします。また、硬いパンには白ワインを振り、ハムとチーズをのせて焼いていました。

チーズフォンデュのときはと、ニヤリと笑ってこう教えてくれました。

「日曜の昼、家族で教会に行き1週間の懺悔《ざんげ》をしてすっきりしてくる。それから皆で御馳走のチーズフォンデュの鍋を囲む。男性が串に刺したパンを落としたなら皆に白ワインをごちそうし、女性が落としたら男性の頬にキスをしなければならない。

レストランでは客が外国人だとわかると、ごまかす店もある。ベシャメルソースにチーズを混ぜて、値段の高いチーズの量を減らすのだ。初めて食べる人だとわからない」

ベシャメルソースとは、バターで小麦粉を炒めたルーに牛乳を加えて溶き延ばして煮詰めたソースで、グラタン、ラザニア、ドリアなどに使われます。

後年、カミさんとスイスに行った際、この通りのチーズフォンデュが出てきました。日本人にはわかるはずがないと思ったのでしょうが、すぐにサービスの人に「チーズフォンデュを注文したのだ」と念を押すと、一度下がってから「お金はいらない」と、そのまま引っ込んでしまいました。

そんなことがありましたが、あのときのホテル・クロイツではお給金も付き、休日には近くの山に登ったりして自然をも満喫でき、とても居心地がよかった！

シンケン（ハム）トーストや、アルプスの山の上で作るカチカチの生ハムなど、素材を無駄なく使うスイス料理は、平時にあっても自衛策を欠かさず生きていくという、気迫の上に培われたのだと理解しました。

トルコ珍道中

そのあとはトルコへと向かいました。首都イスタンブールに着き、勇んでヒルトン・ホテルにおもむき、声をかけてくれたバスク人のシェフに面会しました。

ところが、会うと気まずそうな顔をしているではありませんか。

「すまん、コージ。トルコの経済状況が変わり、いまの俺の力では外国人2人までしか枠がなく、お前の分はない」

あれだけ胸をたたいて、いつでも来いと誘っていたのに……。

「君はバスク人ではないのか⁉」

問うてみましたが「申しわけない」の一点張り。「1週間だけ家に泊めるからそのあとは帰ってくれ」と言われました。

仕方ないので街中に出て食べては飲み、少しでもトルコの食文化を知ろうと努めます。

ドンネルカバブ（ドネルケバブ）、日本でも知られるようになったガラタ橋の鯖《さば》サンドやイワシの唐揚げ。街中でリヤカーに積んで売っている、キュウリに水を振りかけて冷やしたものに塩をつけて食べたり。ドンネルカバブはおいしかったけれど、所持金が少なく一度しか食べられませんでした。

1週間は瞬く間に過ぎ、ギリシャ経由でスペイン行きの船の切符を買おうとしたら、その日はストライキで動きません。汽車も同様。諦めてホテルを探しましたが満室です。のちにこの日はゼネストで、デモのため国中から人が集まっていたと知りますが、そのときはわからないまま、日中は暖かかったので得意の野宿を決めました。

ブルーモスクの前の公園で陽が落ちるのを見て、暇つぶしにモスクを鉛筆で描いたりしながらなんとかなると思っていました。暗くなり、リュックを背にして眠ろうとしたのですが寒くてなかなか寝付けません。そこに突然、懐中電灯を照らされ、照らした相手もビックリ。

「そこでなにをしてる！」

詰問され、とっさに夕方描いたモスクの絵を見せ、

「明日、朝陽が昇るところを描きたい」

出まかせが口を突いて出てしまいました。

「ここにいたら死んでしまう、こっちに来い」

その警備員にうながされ、掘っ建て小屋へと連れて行かれました。そこは詰め所で、中に入ると石炭ストーブがガンガン焚かれていて、あのままだと死なないまでもひどい目にあったに違いないと後悔しきり。

案の定、律義な警備員には朝陽が昇る前に叩き起こされ、言った手前、外に出て寒さをこらえながら絵を描いたり写真を撮ったり。ようやく陽が昇ると同時に暖かくなり、ほっとして前日乗れなかった船着き場に行き、切符が買えたのでギリシャ経由でバスクへと戻ることにしました。

変わりゆくスペインとバスク人

1970年代後半のヨーロッパは、今のような難民やテロ問題もない比較的平和な時代でした。

途中で立ち寄ったギリシャの島々には日本製の車が多く、タコやイカなどをよく食べる習慣もあり親近感を抱きました。

スペインに戻ると、フランコ総統が死んで政治情勢も変わり、内戦が始まって以来途絶えていた普通選挙はお祭りのようで、皆浮足立っていました。

その内戦とは、1936年から39年、スペインでフランコの指揮する軍部と、反フランコを掲げ闘った人民戦線政府の争いで、反フランコ勢力のひとつがあの白い十字架の旗印をもつバスクでした。

ある日、エステバンという仲の良かった料理人から誘われました。

「今度の日曜日、バスクの民族の文化発表会をやるから来てくれ。兄貴と2人で作った曲を歌う。バスク語を皆の前で話すとこれまでは捕まったが、フランコが死んでからは緩《ゆる》くなった。きっと、みんなバスク語を話すだろう」

当日会場では、子どもが民族衣装を着てバスク語で歌っています。

やがてエステバンがギターを抱えて現れましたが、途中で主催者と思われる人が出てきて突然中止を宣言。エステバンらは文句を言いますが、結局阻止されました。

「コージ、これが今のバスクなのだ。政治のことをわずかでも歌おうものなら、たちまち止められてしまう。フランコが死んで普通選挙がなされたというのに……」

エステバンの涙を目にいっぱいいため、怒っていた表情が忘れられません。

それから時が過ぎ、バスクは自治州となり、バスク語だけのテレビ局もあります。

かつてスペインに住んでいた作家の堀田善衛さんが、バスク語は残念ながら消えるだろうとなにかに書いていたのを読んだことがありますが、今では幼稚園からバスク語だけで行う教育機関もあり、標識もバスク語とカスティーリャ語（スペイン語）が併記されています。

料理人の新たな使命

昼の仕事を終えると、夜の準備の間までスペインではシエスタ（午睡）と言われる約4時間もの昼休みがありました。

あるとき、ルイスから「コージ、よければ俺について来い」と声をかけられ、車で街へと向かいました。連れて行かれた場所は教室くらいの広さの部屋で、コック服姿の人が何人かいてルイスは僕を紹介してくれました。

そしてその中のひとりが、キノコのオンゴス（イタリア語でポルチーノ、日本ではヤマドリダケ）の話をし始めました。どこどこの山でよく採れて、料理法はこうだと説明し、やがてそこにいるコックたちは皆勝手に自分の考えを話し始め、ニンニクは使わない方がよいとか、オンゴス採りの名人は誰々だとか。

僕は状況がよくつかめず、あとでルイスに聞くと、

「今日はオンゴスの勉強会で、各自が知るオンゴスに関するありったけの知識を話していた。個々の知識を皆が共有することで、料理人全員のレベルアップができる。当然バスク料理界がレベルアップする。今バスクはマドリード政府から睨《にら》まれ、政治、経済すべてで冷遇されている。若いやつはデモとか、なかにはＥ《エ》Ｔ《タ》Ａ（民族組織『バスク祖国と自由』）のように過激に反抗する人々もいるが、俺たち料理人は、武器の代わりに鍋やフライパンを使う。美味しい料理を作り、マドリードの人間がほんとうに美味しさを味わいたいならバスクまで来なければならないよう、この地の料理レベルを上げるため、こんな勉強会をしている。マドリードで店を開ければ楽にうまくいくが、この地まで食べに来なければならないよう、皆で肩を組んでレベルアップに励んでいるんだ」

日本では先輩に料理の作り方を訊いても、「そのうち分かる」「習うより慣れろ」と言われつづけていました。皆いい人でしたが、学校ではないのでそれがあたり前だと。どうしても調理法を知りたければ、夜仕事が終わってからビールでも買ってきて一緒に飲み、機嫌がいい頃合いを見計らって教えてもらうしかない。

それなのに、バスクでは時間をかけて習得してきた技術や知識を皆に教え、共有するなんてにわかには信じられません。さらにルイスは言いました。

「俺たちだって少し前までこんなことはしなかった。皆修業で覚えた技術や知識は自分の胸にしまっておき、弟子にだけ少しずつ教えたものさ。だがこれからは違う。皆で共有し合うのだ。そして、このサンセバスチャンを中心とした50キロの範囲には、有名なトリュフやワイン、フォアグラ、鱈《たら》、イワシなど最高の素材がある。これらの材料と共有する技術を使い、この街を世界一の美食の街にしてみせる。そのために皆このような勉強会をしている」

それを聞いた僕は、嘲笑いました。

――首都から遥か遠く離れた、北東部の国境に近い人口18万ほどの小さな街を美食の街にするなんて、まして世界一ときたからにはいい加減にしてほしい。いかにもラテン系のスペイン人ならではの、なんでもわが街は世界一と言いたがる悪い冗談……。

ルイスには悪いけど、その場はそんな風に受け流しました。

しかし、歳月が流れ、ルイスの提唱するオープンマインドな姿勢、つまり情報を共有し、広い視野を持った考えは確固たる思想となり、「ヌエバ・コッシナ・バスカ」として語り継がれ、世界中の料理人を巻き込んでいきました。ヌエバ・コッシナとはヌーベル・キュイジーヌ（フランス語で「新しい料理」）と同じ意味のスペイン語読みですが、大きく違う点はバスカ（バスク）が付くことにより、すべてオープンマインドになることです。

あの日集まっていた彼らの真顔とルイスの言葉は、その場では受け流したものの、僕の心の奥深くに刻まれたのです。

慣れるけれど成れない壁

グルッチェ・ベリの居心地はよく、美味しい賄いを含め、食べて飲んで騒ぐ日常生活は楽しく過ぎていきました。

僕の誕生日にと、バルマンがレチェ・フリット（カスタードのフライ）を作ってきてくれ、すごくうれしかったのを憶えています。日本では味わえない憧れの外国生活にも満足し、仕事も任され、料理に対する提案も受け入れてくれることが多くなり励みとなりました。皿をより一層飾ったり、付け合わせの野菜により多く手をかけたりすると、ルイスはとても褒めてくれ、そしてメニューやレシピ以外のことも教えてくれて、僕も応えるべく皿の上に反映させていきました。レストランで出していない昔の料理や、家庭で食べる料理、たとえば「マルミタコ」は、トマトを使ったソースにマグロやビンナガ、ジャガイモも入れて煮込んだもので、漁師が船に乗っているときに作っていた料理です。

この道に入り、本物の料理を作るためにはレストランの料理だけでなく、普段食べているもの、その国の文化や歴史までも知らなければと思っていましたが、それも徐々に経験できました。

だけど、厨房で覚えたスペイン語には限界があり、難しい会話、テレビ番組や新聞は十分に理解できません。料理人やその友だちとは仲良くしてましたが、日本でのような親友はなかなかできませんでした。

元気なうちはいい。でも、保険のない身分のまま病気になればどうしようかとの不安が募ります。街を歩くと、ときには人種差別を意識した軽蔑の言葉を投げかけられることもありました。わずか2年で壁は越えられないとも思いましたが、店ではたった独りの日本人ということもあり、異国で生活する自分の限界を感じ始めていました。

料理人を目指したときに、母と交わした約束のために修業しているけれど、いつまでやったら納得いくのかと、考え悩む日々がやって来ました。

やがて、2年が過ぎたあたりで3年という区切りがはっきり浮かんできます。

——でも、今日本に帰ってなにができる？　この技能はグルッチェ・ベリという高級レストランだからこそ通じる。日本とは状況が全然違う。日本ではフランス料理ならまだしも、スペインそれもバスク料理なんて見向きもされないだろう。さりとてこのままいても区切りがつかない……。

日本に帰って一から出直すにしても、この経験は決して無駄ではないはずだと思い、ルイスに切り出しました。

「コージ、料理人にとって、人間にとって一番大切なのは信用だ。お前は出会ったときから正直な人間で、なおかつバスク人以上にバスクの良さを知り、皆とうまくやりながら仕事を楽しんでいた。ここにずっといてくれると思っていたよ……。

日本に帰っても、また戻ってくるだろうからお前のポジションは空けておく。そのときには正式に契約しよう。日本に帰っても行く当てがないなら、東京ヒルトンに入れるようニューヨークの本部に手紙を出しておく。帰国したら電話して俺の手紙を持って会いにいけ」

ルイスは、日本での行先まで案じてくれました。

「新バスク料理」宣言

日本へ帰る1週間ほど前、「ヌエバ・コッシナ・バスカ（新バスク料理）」の発表会がありました。

僕にも声がかかり、会場へ行くと報道関係ほか約２００人が集まっていて、壇上にはルイスはじめシェフが数名並んでいます。当時はフランスでヌーベル・キュイジーヌの巨匠ポール・ボキューズ（１９２６〜２０１８）が、「市場の料理」というキャッチフレーズで、素材を重視し、鮮度や品質にこだわり、軽いソースをつけ合わせるという流れを作っていました。ルイスたちもポール・ボキューズを招待して講習会をやっていました。量が多く、カロリーも高くて重いソースといった従来の流れとは違う、現代の進んだ流通、調理器具の発達を利用して、鮮度の良い素材にあまり手をかけずに調理する手法が主流となっていく移行期でした。また、日本の影響と思われる生魚料理も出てきていて、そんな折に「新バスク料理」を発表したのです。

伝統の小イカの墨煮や塩鱈《しおだら》の調理法も少しずつ変え、量を減らしたり、より鮮度の良い魚を使ったり、付け合わせもシンプルにしたり、昔から食べられていたバスク料理を現代風にアレンジした新バスク料理の説明を、壇上のシェフたちがしていたときです。

スペインで有名な週刊誌『カンビオ16』の記者が、きつい調子で質問しました。

「小イカの墨煮はバスク料理というが、日本にもイカの内臓を使った料理があると聞いている。小イカの墨煮はその日本料理のコピーではないか？」

するとルイスは、突然僕を指差したのです。

「この会場に日本人の料理人がいるから、彼に聞いてみよう」

僕はあわてながらも、懸命に、塩辛がどのような料理であるか話し、小イカの墨煮との違いを説明した結果、その記者は納得したようすです。

終了後、何人かに「その塩辛とかいうやつを食べたい」と言われました。帰国直前だったので実現しませんでしたが、ルイスと出会うきっかけになった〝イカの塩辛〟が、またも関わるというなんという偶然。

ルイスは再々言いました。

「お前はバスク人以上にバスク人らしい。スポーツを楽しみ、よく食べ、よく飲み、騒いで、なおかつ仕事に歓びを見出している。そんなタイプの人間はたぶん日本には合わない」

同時に、念をおされました。

「日本で仕事をするなら、本物のバスク料理を作るように」

以前、パリの日本食レストランに入ったとき、玄関に竹を立てかけ中からは琴の音色が流れ、浴衣をだらしなく着た東洋系の女性が迎えてくれたことがありました。メニューには「すき焼き」「天ぷら」など外国人でも知っている品が並び、「うどん」を注文したらダシの利いていない、しかもぬるかったので、雰囲気があればいい加減なものでも異国では通用するのかと心底腹が立ったことを思い出しました。

日本の食文化をこんな形で外国人に食べてもらうなんて誤っているし、これでは日本料理は評価されない。もし僕が日本でスペイン・バスク料理を目指すなら、本場スペインの料理人が食べても満足する店をやろう。このとき、ルイスの言葉に決意を新たにしたのです。

1977年12月、2年8カ月にわたるヨーロッパ修業を終え、まだ成田空港が開港していなかったのでモスクワ経由で羽田空港に着きました。

ひと晩、東京にいた友人で、のちに画家となった大平善生君のマンションでゆっくりしてテレビを見たとき「あっ！　日本語のテレビ番組がある」と言ってしまい、大笑い。ヨーロッパ談義に花を咲かせ、日本の空気を吸ったあと函館に帰り、久し振りに実家でくつろぎました。孔《あな》が開く寸前のメッシュ状態にまでなっていたソックスや下着を、母は捨ててしまいました。数少ないそれらをずっと手洗いしていたので、それだけでも異国での生活を察したようです。出発したときも帰って来たときも大きなリュックひとつに、肩掛けのカバンだけ。その中に衣類ほか身の回りの物すべてが入っていました。

ヒルトンの件は後日電話すると、「たしかに連絡は来ている。今東京には空きがないからグアムでどうか？」と誘われたので丁重に辞退しました。

わが師ルイス・イリサール

ここで、わが師ルイス・イリサール（Luis Irizar）のことに触れます。

1930年キューバに生まれ、4歳でスペインに移住しました。16歳でサンセバスチャンの「ホテル・マリア・クリスティーナ」で見習いとして働き始め、3年後、当時スペインの最高峰レストランといわれたマドリードの「ホーキー」で働きます。そのあとはパリのリッツで料理長を務め、イギリスで人気のあったスペイン料理レストラン「バル・マルティネス」から要請があり渡英。やがて英国のヒルトン・ホテルで総料理長となり、同じ職場の若者たちを教育する立場になります。

それを契機に料理人育成の重要性に目覚め、故郷バスクに料理学校を開く夢を抱きます。そのために当時、質の高い料理学校があったスイスに学び、1967年、バスクのサラウスの「ホテル・ユーロマール」付属のホテル学校の設立に関わりました。そこで3年間教鞭をとり、生徒だったペドロ・スピハナに校長を任せました。ペドロは現在、サンセバスチャンの3ツ星レストラン「アケラレ」のオーナーシェフです。ルイスはもう一度、現場の問題点を学び整理するため料理人となり、やがてグルッチェ・ベリの共同経営者を経て、サンセバスチャンに料理学校創設の準備をしていました。その後、マドリードのバスク会館の高級レストランの経営とホテル・グランビアの監修をしたのちの1992年、自身の名を冠した「エスクエラ・デ・コッシーナ・ルイス・イリサール(Escuela de Cocina Luis Irizar／ルイス・イリサール料理学校)」を開校し、スペインではナンバーワンの料理学校と称され、地元はもとより世界中から生徒が集まりました。

最大52名、1クラス26名の2クラスの2年制。1年目でバスク料理を学び、理論と実践を通して現場を知り、2年目は他のスペイン料理ほか、イタリア、中南米料理などをひと通り習い、卒業後にアシスタントとして就職できるよう仕込まれます。

その基本はヌエバ・コッシナ・バスカの根幹をなす「皆で教えあうこと」であり、長年レストランで働き、教えてきたルイスの教育理念です。この考え方は旧来の徒弟制度のなかで「料理は目で盗め」とされてきた料理界の常識からはありえないことでした。

有名シェフとそのレストランが客を独占しようとしても、1軒だけで取り込める人数には限界があり、ほかの店や街に顧客を奪われることもあるでしょう。しかし街全体が評判になれば、その集客力から予想を超える好循環が生まれます。ひとりでは開発できない料理も出せるようになります。徒弟制度のピラミッドや既得権益を打破し、ルイスとサンセバスチャンの料理人たちはオープン化戦略に賭けました。その中核が料理学校です。ルイスの料理人仲間と学校からはバスクはもちろん、世界的に注目される人材が巣立っていくことになりました。

永遠の「ヌエバ・コッシナ・バスカ」

フランスの「ヌーベル・キュイジーヌ」と言われる料理の復興活動をベースに、「新しいバスク料理を創造し、料理を知的財産化していこう」という取り組みが「ヌエバ・コッシナ・バスカ」です。

それはトップダウン方式の学びではなく、集う料理人の知恵や技術を共有結集し、各自が工夫、応用、実践することにより、多彩で柔軟な戦略が生じるというボトムアップ方式です。この第一人者がルイス・イリサールであり、彼が触媒のように人々を結び付け、自ら考え行動する料理人へと導いていきます。彼の料理学校の出現は、まさに自由で選択肢が多岐にわたる民主教育の象徴でもあり、料理界における封建時代の終焉でした。

少人数制のルイスの学校には、思想とカリキュラムに共感する、世界中からの入学申し込みがあり、卒業した料理人の卵が有名店に次々入り、さらに独立して有名シェフになっていくという大変いい流れもできました。一期生の中にはダニエル・ロペスがおり、卒業してあのイナシオが経営するレストランに入り、今はサンセバスチャンの旧市街地で「ココッチャ（Kokotxa）」という1つ星のレストランのオーナーシェフです。「日本人のために2人の枠を取ってあるからな」とも言われ、ときにはルイスに頼まれて、昔グルッチェ・ベリで修業した経験と、僕の店で供する料理などを何度か生徒に話したこともあります。そんなときルイスは横に立ち、うれしそうに、そして大げさに僕を紹介してくれました。

料理人になる以前の僕は生き方に迷い苦しみ、とりあえずとは言わないまでも積極的に料理の道を選択したわけではありません。そんな行き当たりばったりの無計画があだとなり、なかば諦めかけていた旅路の果てに、とてつもないポテンシャルを秘めた未来と遭遇したことになります。わが師ルイスを中心に、美食世界一の街という目標を掲げた当時は、ほんとうに成し遂げられるとは思いもよりませんでした。

でもあの日、熱く語っていた彼らの情熱は、料理人の可能性を広げ、地域と社会に関わる使命をはっきりと示してくれたのです。

第5章　地方だから本格料理「レストラン・バスク」

夢のあとさき

帰国して迎えた1978年、正月が明け、当時の函館では有名な洋食店に食べに行き愕然とします。

僕はゆっくりメニューを見てから、オードブルとスープ、それにメインディッシュを頼みましたが、ひと皿を食べ終わらないうちに次の皿が出てきます。パンは甘く、料理を殺していて、当然ワインも合わず、食事をゆっくり楽しむどころではありません。

料理そのものが一番大事ですが、僕がヨーロッパで知った美味しく食べるためのサービスに欠けていました。ヨーロッパかぶれかもしれませんが、お客さんが気分よく時間を過ごせるという、あたり前に見受けられたシーンがない……。

はたして、自分が学んできた料理、そしてなにより食べる楽しみというものが、日本人に受け入れられるのだろうかと一抹の不安を覚えました。そこでもう一度東京へ行き、これまでやってきたことを洗い直してみようと決めます。

以前働いていた日本青年館を訪ねると、有楽町にある生命保険会館の厨房に空きがあると案内され、再出発することになりました。

そのレストランは、保険会社が出資運営している福利厚生施設のようなもので、お客

ところが、経営は軌道に乗らず、僕には原因がわかりません。
——料理はそこそこ。値段も高くないのに、なぜお客さんが来ないのか。レストランというのは函館では無理なのか。ファミレスさえうまくいかないのに、より専門的なスペイン料理なんて到底無理ではないか……。

思い悩み、助手時代から毎日といっていいほどずっと見ていた同じ夢が蘇《よみがえ》ります。それは、大学卒業とともに仲間の就職がみな決まって去って行き、自分だけ惨めな思いのままとり残されるという、なんとも後味の悪い見飽きた夢でした。

ひと月のうち休日は2日だけとし、朝の3時まで営業時間を延ばしてみてもダメ。ルイスの「マドリード（スペインの首都）なら楽に経営できるが、俺たちバスク人はこの地で美味しい料理を作り、ここへ食べに来ざるを得ないようにするんだ」との言葉が脳裏をよぎるたびに理想は遠のくばかり。どうしたらよいか正直わからなくなってしまいました。

そのころ、山形県酒田市の「ル・ポトフ」というフランス料理店に、作家の開高健をはじめ著名な美食家が食べるためだけに足を運んでいるという記事を目にします。

日本も少しずつ変わっていくはずだと期待しつつも、脚光を浴びるのはやはりフランス料理だからで、スペイン料理が世間に認められる日なんて来るのだろうかとの不安は

広がる一方です。

とはいえ、このままでは前へ進めない。そう考え、2年目で退社し、小さくても自分の店を持とうと決めます。

始まりは突然の出逢いから

退社する1カ月ほど前、妹の友人から同僚の誕生日に会食をしたいとの予約がありました。

10人くらいでの食事のあとは2次会に誘われて同行することになり、そこに黒髪をオカッパにした主役の女性がいて、彼女と話す機会を得ました。

東京から故郷に戻り、函館の保健所でアルバイトをしているとのことです。料理に興味があるようなので、スペイン料理やレストランのことを、そして自分の料理観までいろいろ語りました。

名は、寿美子です。

興味を持ってもらえたようなので、その場でデートを申し込むと、ローストビーフを食べられるならと言います。当時、函館にできたばかりの西武デパートの階上に「鎌倉

山」という高級専門店があり、そこへ行くことになりました。

当日は一番安いコースだったと記憶していますが、僕にとっては高価に思えてとてもじゃないけど落ち着きません。でも自分の夢は打ち明けました。

「本物のスペイン料理の店をやりたい」

「わたしが手伝ってあげる」

意外にもすんなりと応えてくれました。

こんな調子でトントン拍子にコトが運び、6月に出逢い、9月には結婚パーティー、10月に店をオープンします。すぐにわかったことですが、僕には独立して商売をするには決定的に足りないものが彼女にはありました。

7月にファミレスを辞め、それからふたりでできそうな物件を探します。構想ではまず小さな店で顧客をつかみ、次の夢につなげようと考えていました。

友人の不動産屋さんから紹介されて、住宅街の中にある居抜き物件を見ると、前の店のメニューが残っていて、オマールのテルミドール（オマールエビの身を半割にし、クリーム系のソースとチーズをかけ焼き上げたもの）、牛フィレのトルネードステーキ……。威勢のよい料理名が並びますが、店の雰囲気と合っていなかったのだと想像がつきます。そこでまた、スペイン料理は一般になじみがないから、看板にすれば大失敗するのではと

の不安が募ります。それだけ僕には自信がありませんでした。

ようやく、五稜郭公園前の電停に近い、電車通りに面した10坪半の元時計店だった物件を見つけ、250万円で改装することにしました。

寿美子とは6月9日に初めて会い、9月14日に結婚して、10月10日には店のオープンと、周囲はそのスピードに驚き危ぶむ人もいましたが、ふたりとも気にも留めませんでした。

プティレストラン・バスクの開店

店名は「プティレストラン・バスク」と命名。小さな店でもきちんとテーブルクロスをかけ、4人席が3つ、2人席が2つの計16席。ウナギの寝床みたいに間口が狭く、奥の半分を厨房にあてました。グルッチェ・ベリのときと同じく、調理に専念するつもりでしたので、客席と厨房とは隔てた形にしました。

メニューはポークカツ、スパゲッティ、ビーフシチューなど従来の洋食メニューが主体です。いざオープンしてみると、思った以上にお客さんが来てくれましたが、内心はひと月もすればガタ減りするだろうと怯えていました。

まずは親が、次に親戚と友人が来てくれ、いろいろアドバイスをしてくれます。「カレーをやった方がいい、ラーメンをやれば毎日でも来るよ」等々。せっかくのご意見でしたがお断りです。

3カ月が過ぎ、そろそろ暇になるだろうと思いましたが、そうはなりません。通常はこの辺で売り上げが落ち、それをベースにして店を運営していく、と物の本には書かれているのに。メニューはファミレスとさほど変わっていません。おいしく作り、安くしても全然ダメだった経験が嘘のよう。

理由はカミさんにありました。彼女は東京で数軒ものブティックを経営した経歴があり、僕にはない接客術を心得ていました。初めて来られた人の顔と苗字を1回で全部覚えます。次に来られたときには、その人が前に食べたものを全部覚えていて、3回来たらお名前とご住所を聞くことを徹底して実行していました。お客さんにとっては、前に来たことを覚えてもらっていると大変うれしいもので、店としては好みに合う料理を薦めやすくなります。

美味しい料理は基本ですが、お客様が歓ぶサービスといったソフトがいかに大事かを思い知らされました。そしてカミさんから、スペインで修業してきた料理を少しずつでも出すよう勧められます。

「わたしが売ってあげるから」との助力を得て、恐る恐るコロッケ、テリーヌ、牛タン塩漬け、帆立貝のシャンティーなど、オードブル（前菜）からメニューを少しずつ増やしていきました。

するると、前の店には見られなかった、こだわりをもつお客さんが口コミで来られるようになりました。

「函館にスペインで修業してきた人のレストランがオープンしたと聞いて来ました」と言われ、気恥ずかしい思いをします。まだ経営を第一にと従来の洋食屋さんのメニューが主体で、本格的スペイン料理はあまり出していませんでしたから、期待はずれをしたのではないかと。その久慈義寛さんは当時青森グランドホテルの料理人で、それがきっかけとなり、津軽海峡を挟んで青森県の料理人との交流が始まります。今でも料理に関して悩み事があると会いに行き、相談にのってくれてほんとうに心強く思います。

徐々に店の経営は安定し、予約も増えていきました。ですが、予約したお客さんのなかには、店内に入ると同時に顔色を変える人もいます。スペインで修業した人の店と聞いて、さぞかし豪華な雰囲気ではと期待して来てみると、小さな洋食屋といった佇まいです。「裏切られた」「期待外れ」という気持ちが如実に顔や態度に出たりすると、それをまともに受けるのはカミさんで、閉店後にグチがこぼれます。そんな日はこう励まし

合ったものです。

「この店は、小さな小舟に百万馬力のエンジンをつけて飛ばしている。店は小さいがサービスと料理はどこにも負けない。この船で3年突っ走って、目的の島（納得のいく店舗）にたどり着こう。ここは仮店舗なんだから」

そう心得て接すると、最初は嫌な顔をしたお客さんほど、帰り際には皆ニコニコして「また来ます、友だちにも紹介しておきますね」と言ってくれることが救いとなっていきました。

徐々にお客さんのなかから友だちができていきます。こんなこともありました。開店間もないころ「チンチン電車から見つけてさ、潰れないうちにと急いで来たよ」と言った今野久仁彦さんは、北海道大学水産学部の先生でタンパク質などの研究をされていました。のちに僕の料理について、理論的バックボーンを担っていただくことになります。

このころになって気づきました。あの助手時代からうなされていた夢は、もう見なくなり、長くつづいていた不安から知らないうちに解放されていたのです。

あぁ、よかった！

バスクのイメージを磨き直す

プティレストラン・バスクを始めて3年が経ち、カミさんにもスペインのバスクを見てもらい、その上で満足いくレストランを作ろうと計画しました。

スペインを離れてから6年――。

1984年に1カ月半店を閉め、ジャック白井が戦死したとされる、マドリード郊外のブルネテに捧げる北海道産の日本酒を携えスペインへと発ちました。ジャック白井とは、孤児で函館の修道院で育ったとされ、密航して渡米後に料理人となり、アメリカの義勇兵で組織された共和国側の一員としてスペイン内戦に参戦し、敵の銃弾に倒れた人です。函館、料理人、スペインという共通項から興味を抱き、ジャック白井研究会に入れていただき、店にはスペインでの彼と仲間の写真を飾っていました。彼は、まるで神様に導かれるように料理人としての生を全うした。僕は足元にも及ばないけれど、時を超えて語りかけてくるものに惹かれていたのです。

フランスから鉄道でスペインとの国境イルンに着き、駅でタクシーに乗ったときにはスペイン語が自然に出てきました。このときルイスはグルッチェ・ベリにおらず、マドリードにあるバスク会館のレストランと、ホテル・グランビアの経営を兼ねた料理長で

した。とりあえず、グルッチェ・ベリの前の共同オーナーであるハビエルの下で2週間働かせてもらいました。当時スペインの経済状況は悪く、ガスオーブンが石炭ストーブに変わっていたのには驚きました。知っている料理人もハビエルのほかにはいなくて、15人ほどいた料理人も6人に減っていて寂しかったですが、週末の忙しさは相変わらずで、久し振りのバスクの厨房は懐かしく、居心地は最高でした。

カミさんは給仕係の女親分トマサに面倒をみてもらいました。皆と同じ制服を着てワンテーブルを受け持ちます。ミーティングにも参加して全体の流れや雰囲気を知ってもらいました。

この旅ではスペイン、バスクの風景や空気はもちろん、彼らの気質、生活そのものを知ってもらい、新たな店の雰囲気作りだけでなく、お客さんにバスクのなんたるかを説明できるようになってほしいと思いました。

あとで聞くと、ホールの女の子たちの自分の受け持ったテーブルに対するサービスと責任感は半端じゃなく、料理が遅いとほかのテーブルの料理でも平気で出すので、そのたびに大騒ぎになっていたそうです。フォークやナイフの置き方も、初めはちゃんとセットしないと直されますが、途中からはもういい加減だとスペインらしい一面も語ってくれ、そういう点は昔と変わっていません。

その後はマドリードに行ってルイスに再会し、そこでも2週間経験させてもらいました。バスク会館は地下にスポーツジム、3階に図書館が備わった立派な建物で、2階にレストランが入っています。グルッチェ・ベリとは違い宴会場はなく、高級レストランとして国会議員もよく利用していました。

トイレの前には女性が座って編物をしていて、使った人はチップを払います。そして料理がひと通り終わり、デザート、コーヒーが出たころを見計らってその女性がテーブルを回り、葉巻の注文をとってその場で吸い口を切って手渡します。今でもあるかはわかりませんが、これもスペインの食事を楽しむ要素のひとつでした。

ルイスは、結婚して共に働く僕たちを祝福し、大変喜んでくれて、次の店の計画にも大賛成してくれました。そして、彼が着々と準備している大きな構想の一端を語ってくれました。

「とりあえず、ここでは今の仕事を頼まれたのでやっているが、いずれサンセバスチャンに帰り、高級総菜の販売と料理学校をやりたい。場所は旧市街地の一番人気があるフェルミン・カルベトン通りに確保してある」

僕はもっと聞きたかったのだけれど、そのときは目前の新たなレストランへ向けて無我夢中でした。

バスクのイメージをつかみ、同志の絆を深めたカミさんとは実現されていなかった新婚旅行のようでもあり、スイス、フランスを巡ってからの帰国となりました。

理想のレストランとは

帰国してすぐに新しい店の準備に取りかかり、バスク地方の建物を撮った写真をもとにイメージを設計屋さんに説明し、外形は石造り風、中は木造で、完成予想図の建築パース（建物の外観や室内を絵にしたもの）を友人の大平善生君（のちに画家になる）に頼み、その絵を店の案内カードの表紙にしました。

そして1985年2月14日、函館市松陰町にプチが取れた「レストラン・バスク」を開店。メニューはスペイン料理、なかでもバスク料理をメインに掲げ、コース料理と飲み物を充実させ、テーブルの間隔も空けて全体をゆったりとした空間としました。

洋食っぽい料理はスパゲティとハンバーグだけに絞り、ただし、これらだけは外しませんでした。僕がまだお金がなく、でも目指すフランス料理がどんなものなのか食べてみたいと思い、東京のレストランに女友だちと行ったときのバツの悪い思いをした経験があったからです。メニューを見れば値段が高く、用意してきたお金では最低のコースしか食べられない。隣りは初老の紳士が若い女性と悠々とステーキを頬張っていて、醸し出す余裕にあこがれたと同時に、自分が情けなく惨めな思いをしたことが忘れられません。そんなことがあったので、店に入ってきたお客さんがメニューを見て「エッ！こんな店だったのか。失敗」と思ったとしても、見慣れたメニューがあれば安心するのでないかと残しました。今はスパゲティこそありませんが、2種類のハンバーグは隠れた人気メニューとして外せないものになっています。

白い図面に自由に線を引けるのが楽しく、時間が経っても色あせない、こだわりのある店を目指しました。料理しやすい広さの厨房を確保した上、34席のダイニング、トイレは3畳の車椅子用も入れて計3つ設けました。当時は公共の建物にも車椅子用がほとんどなく、誰が使うのかと疑問視されたり、同業の経営者からは厨房の広さに対して席数が少ないとも指摘されました。合理的な経営だけを考えるとそうですが、僕の料理を食べたいと思う人には扉を広く開けていたい。障害があるから食べに行けないということは避《さ》けたく、道路から店の中まで段差のない構造にしました。盲導犬ももちろんOKです。

あとで設けるバルレストラン「ラ・コンチャ」の場合は伝統的建築物としての制約があり、車椅子用トイレができなかったのが残念です。

そして「レストラン・バスク」のコンセプトとしてレストランは〝病院〟である、と考えました。レストラン（restaurant）という言葉はもともと「修復する＝レストレ（restaurer）」という動詞からきています。日常の肉体的、精神的疲労で傷ついた人がレストランにやってきます。身体に良い、美味しい物で肉体に活力を、心地よいサービスや雰囲気で精神を癒して再出発してもらう。自分たちに１００％できるわけではないけれど、レストランの役割はそういうところにあると。

前の店では不備を弁解しましたが、今度はそうはいかないと覚悟を決めます。

生ハムを自家製する

以前、東京で仕事をしていたとき、その店のシェフに生ハムを買ってくるよう言われ、当時一番良いとされていたものを六本木に買いに行ったことがありました。でも見た瞬間、これを生ハムと称したらスペイン人やイタリア人に「日本人はまだこんなものでごまかしているのか」と批判されそうな代物でした。当時生ハムは輸入禁止品で、スペインのソーセージもありません。

本物を出さないとスペインで修業した意味がないと思い、まずは生ハムを作り始めます。初めは6本、店内の梁にぶら下げていましたが、正直自信はありませんでした。ある日、スペインに何度か行っていたお客さんが来て、「オッ、生ハムがあるじゃないか。食べさせろ」となり、恐る恐る供したところ「なぜ出さないんだ」と叱咤激励され、それを機にメニューに載せることにしました。

1985年から作り始めましたが、最初のころは、そもそも生ハムとはどんなものかを説明しなければならず、梁から吊るしている肉の塊を「気持ち悪い」と言われる始末。ある日、来店した女性のグループが、食事をしながら梁からぶら下がっている生ハムをチラチラ見ながらヒソヒソ話をしていました。帰られたあと、すぐに保健所の人が来られて「市民から通報がありましたので、梁からぶら下がっている物を見に来ました」と。もちろん問題はなく、通報に対して応えるのが行政の使命ですから、保健所の方もきちんと対応してくれました。

今は生ハムを年間60本ほど作っています。2000年から生ハムの輸入が許可になり、切り身がパックで売られたり、量り売りもあたり前の光景となりました。そしてイタリアンバールやスペインバルだけでなく、居酒屋などでも広く取り扱われ、吊るされているのを見た人のリアクションは、

「ワォ、おいしそう!」

食材を追求してわかったこと

店の裏に畑を作り、いろいろな野菜を無農薬、無化学肥料で作るようにしました。

もちろん店で使うほんの少しだけですが、たとえば「採れたてアスパラ」のオーダーが入ると、お湯を沸かしてから畑からアスパラガスを採ってきて茹でる。「採れたてキヌサヤとケーソ・マンチェゴ（ラマンチャのチーズ）の温かいサラダ仕立て」の場合は、オーダーが入ってからキヌサヤを採って茹で、温かいうちに薄く切ったマンチェゴチーズ（羊の生乳を原料としたスペインを代表するハードタイプ）とドレッシングを混ぜて供します。形や大きさは一定しませんが、鮮度だけはどこにも負けません。

アスパラ、キヌサヤ、インゲン、ビタミン菜、キュウリ、ナス、ピリカラレタス、ラディッシュ、ビーツなどの野菜と、年間約40キロほど木イチゴを収穫しています。木イチゴは完熟だととても甘いですが、つぶれやすく運ぶのが難しい。裏庭から厨房までだからこそ問題がなく、デザートにそのまま出したり、余れば煮て裏ごしし、ソースやアイスクリームに使っています。

蝶《ちょう》にやられやすいキャベツやブロッコリーは、保護シートの寒冷紗《かんれいしゃ》をかけてみましたがダメでした。猫の額くらいの畑でも仕事は尽きず、昔は農家の方にあれこれと理想を語っていたのが、自分の経験を重ねるととても言えません。山ブドウ酢やリンゴ酢、チーズ作りにもトライしてみました。でも結局、おいしくできなかったので断念。長くつづけるためには無理をしない自然体がいいようです。

パンは函館に帰って来て、町のパン屋さんにレシピを示しましたが、「そんなパンは誰も食べない」と何軒かに断られ、仕方なく自分で作りました。塩分が少々強く、パンだけ食べても味わいがあります。バターやオリーブ油、木の実などは入れず、発酵させるための砂糖は入っていますが、表面はカリッと、中はフワフワ、そして噛むほどに味わい豊かなれど、料理の邪魔をしないパンです。毎日、2キロの小麦粉で作っていますが、発酵器も専門の窯もないので調理に使うガスオーブンで焼いています。

アンチョビ(カタクチイワシ)の塩漬けは北海道大学の今野先生に頼み、大学の図書館の本を参考に作ってみました。函館の隣の上磯(現・北斗市)の前浜では、昔から丸鰯《いわし》というのが獲れており、煮干しに加工していました。バスク地方でのアンチョビ漁は、夕方に船を出し、沖合で光に寄せて獲り、朝に戻ってきますが、上磯では海岸からごく近いところで網獲りしています。鮮度なら負けないと思い、期待して作りましたが失敗しました。そこでバスクへ戻った機会にサンセバスチャン近くのゲタリヤという漁港に行き、加工場を見せてもらいました。

僕は本に書かれている通り、かなり苦労して木製の樽を一生懸命探して作ったのに、現地では容易に手に入る縦長のプラスチック桶を使っていました。百聞は一見にしかずで、そのあとはうまくでき、年間200キロくらい仕込んでいました。評判はよかったのですが、残念ながら数年前より丸鰯がとれなくなり中断したままです。またチストーラというソーセージは、日本にはないピカンテという辛い赤ピーマンの粉などの香辛料をスペインで買い求め、作りつづけています。

バカンスにこだわる理由

以前の「プティ・バスク」と違い、人を雇い始めると資金繰りでは大変なことが多く、何度か経営方針を考えざるを得ませんでした。当初、公務員の待遇が社会の基本だと考え、それに近づけたかったのですが現実はとてもそうはいきません。

また、ヨーロッパ文化のバカンス（長期休暇）が大事と思い、新しい店ではゴールデンウィークが終わったあとの1カ月、長くは42日間の休みを取れるようにしました。

カミさんとバスクへ行き、昔の仲間と料理談義をしていたときのこと。

「お前たちはこうして来てるけど、店の方は休まないで従業員が働いているんだろう？」

そんな嫌味を言われました。

「そうではなく、店を閉めてバカンスを取ってここに来たのだ」

と話すと、初めて対等の仕事をしていると認められました。

彼らにしてみれば、日本人は休みをとらずに仕事ばかりしているイメージがあるのです。こんなに丁寧に料理を作っている、こういう経営をしていると説明しても、休まないなら誰でもできると。真面目に料理を学ぶだけでは越えられないものがあるのだと知ります。スペイン人と同じように精いっぱい働き、精いっぱい休み、生活を楽しんではじめてスペイン料理の担い手と認めてもらえた気がしました。

現在は2店舗になり従業員も増えて、3週間と短くなりましたがつづけています。

僕はバカンスを利用して1年おきに第二の故郷であるバスクへと戻り、そうでない年は、日本海側と太平洋側とを交互に、各地方で営業している欧州料理の店を食べ歩いていました。

それも大都市ではなく、地方で頑張っている同志を追い求めてきました。独立当時はスペイン料理はもちろんフランス料理店も少なく、地方で地元の素材を使い頑張って経営している料理人に、どうしても会いたかったのです。

正直なかなか満足する店に出合えず、本や雑誌でこだわりの地元素材を使っている情報を得て訪ねると、「お客さんが食べてくれないのでもう出してません」と言われたことの多いこと。

あるとき、気になった山形県鶴岡市のイタリア料理店に行ってみたら、なんとそこが、のちに有名になる奥田政行さんのアル・ケッチァーノでした。藤沢カブなど在来野菜を使い、その日の朝に集めた旬の食材でメニューを決めるスタイルは、やがてサンセバスチャンの世界最高美食学会でも披露されます。

北海道南部の寿都《すっつ》町から小樽まで約100キロの海沿いを5日間かけて歩いたこともありました。昔、新潟から秋田まで歩いた経験から、その後も徒歩の旅の魅力にはまってしまい、バカンスでも食材を見ながらの徒歩旅行です。漁港のある港町では、水揚げされたものを見て、直接漁師から食べ方を聞いたり。うるさがる人もいましたが、特徴を知り尽くした人の語る食べ方には驚きがあります。いわく「腐る直前の魚がうまい」「この浜の牡蠣《かき》は初夏の6月が旬」など。函館からそれほど遠くない場所なのに、知らないことだらけでした。

僕にとってバカンスは、新たな発見を求める冒険に必要なものとなっています。とくに食材探しは直接生産者に会って話すことに尽きます。

店の従業員にもバカンスを利用した研修を勧めてきました。同じ場所で働いているだけでは他の技術を学べないと思うからです。

スペイン料理だけでなく、お菓子屋さんや和食の店などで1~3週間くらいの研修をし、あとは家族サービスや自分のリフレッシュに充てる。ただ従業員が見識を広め、成長することはいいと思う反面、ほかの店からの誘いを受けることも少なからずあり、痛しかゆしです。でもやはり、長い目で見ると隠れていた才能を見いだしたり、より大きな器になれるので必要だと考えます。

僕たちには子どもがいません。従業員は家族のように愛情を注ぐようになっていきました。もちろん、経営がうまく回っていることが大前提で、同業者から「なぜバスクはそんなことができるのか」と問われることも。僕は魔法使いではありません。あたり前のことですが、材料を買って料理を作り、食べていただき、その差額から人件費などを支払います。それはどの飲食店も同じ。ただし、利益のキープには僕の生き方が関係しているようです。ブランド品に興味はなく、大きな家も外車も大型犬も欲しくないし、だから自分の取り分は少ないかもしれません。これは正直分かりませんが。

それに、店舗の拡大やチェーン展開にも興味が湧きませんでした。

わが師ルイスの初来函

レストラン・バスクを開店して3年後の1988年のことです。北海道で「世界・食の祭典」という大きなイベント（博覧会）がありました。すばらしいと期待したのですが、僕には一切お声がかかりませんでした。そこで、ついにというか満を持して「レストラン・バスクの食の祭典」を勝手に企画し、ルイスに函館に来てもらい、スペイン、バスク料理の講習会と僕の店での美食会をやってもらいたいと手紙を書きました。

ルイスは快諾してくれ、奥さんのビルヒーニャと一緒に来てくれました。

僕とルイスの間には、マドリードでレストランを経営している方が入り、いろいろお世話をしていただきました。来日前、その方から、「ルイスのような有名なスペインの料理人は、これまで日本に行ったことがない。それで、日本の大きな企業や料理学校からアドバイザーになってもらいたいとか、講演をしてほしいとか頼まれているが、ルイスは深谷さんに聞いてくれと言っている」と連絡が入りました。

高まるルイスの評価と地位をあらためて知ることができ、「函館の催しに支障がない限り、自由にしてください」とお伝えしました。

来日後、東京で依頼された仕事を終えたルイスは、開通したばかりの青函トンネルを通って函館に着き、レストラン・バスクへとやって来ました。

初めて僕の店で食事をしたあとに、ルイスはこう語りました。

「コージ、俺は安心した。東京で企業の人から接待を受け、スペイン料理店を案内されたが正直腹が立った。レストランなのに出しているのはバルのメニューだったり、パエジャやトルティージャやガスパチョなど外国から来た観光客が食べたがるような料理ばかり。お前は俺との約束を守ってくれた。この店は素晴らしいじゃないか。うれしいよ」

分厚い掌で僕の手を固く握ってくれたとき、歓びより、まるで肩の荷が下りたようでホッしました。スペインでの修業後、日本に帰ってから紆余曲折はあったものの、わが師にその第一歩を認められ、ようやく自信を得たのです。

3日間の予定だった美食会は連日満員で急遽4日に延長し、それでも入りきれず、ついに5日目を迎えても満席でした。料理を出し終えてから2人でテーブルを回り挨拶し、お客さんの質問にルイスが答えて僕が通訳します。なにか夢のようです。

サンセバスチャンにたどり着いたあの日から、13年の歳月が過ぎていました。

結果、函館でゆっくりできる時間を減らし、予定以上に働かせてしまったのですが、ルイスは嫌な顔ひとつせず笑顔で言いました。

「コージの店で仕事ができて、大変満足だ！」

そして、仕事を終えた後のビールが大変美味しいと、冷たくしたのをグラスに注ぎグイグイ喉に流し込む日本式の飲み方を気に入ってました。というのは、スペインでは日本ほど温度を気にしないのでビールは大抵ぬるく、しかも彼らの飲み方は瓶に直接口をつけてチョビチョビ飲むというものでしたから（それが、僕がスペインを再訪するたびにビールは冷たくなり、今では冷えたグラスが出てくるようになりました。ここまできたかと思わずにはいられません）。

そのあとは大阪の調理師学校でのデモンストレーションなどに付き添い、日本料理のお店を中心に食べ歩きました。

「醤油という偉大なソースは認めるが、日本料理は終始醤油をベースにした味ばかりだ。我々は自らソースを作り、アクセントを付け、お客さんに最後まで飽きさせないで食べてもらう工夫をして、そのつど趣向を凝らしている」

ヨーロッパの料理人から見る日本料理は、本音ではそう感じていたことがわかりました。

帰り際、ルイスはこう言い残してくれました。

「古い建物、美味しい料理、そしてこの光り輝く太陽さえあれば――」

サンセバスチャンと共通する函館の地にふさわしい言葉を胸に、また新たな一歩を踏み出そうと決意しました。

第6章　世界料理学会

手術後の招待

函館で独立して店舗を構え、仕事が順調に推移していた1993年、僕が46歳の秋のことでした。

健康診断で肺に小さな影が見つかり、友人の医者に連絡して再度レントゲンを撮るとやはり影が認められました。

「1円玉くらいだから、手術をすれば大丈夫」

そう言われたので手術することにしましたが、「たぶん肺がんだろう」とも言われ、入院する前にカミさんと五稜郭公園を歩きながら、これまでの道のりを振り返りました。

1年でも長く生きられたなら、なにをしたいか、なにをすべきかを話したことが昨日のことのようです。

死を意識したときに、なおも湧きあがってきた情熱です。

——好きな料理を値段に関係なく、思う存分お客さんに食べてもらいたい。生きている限り料理を探求していたい。お客様の満足した表情を、命尽きるまで感じていたい……。

入院後、細胞検査の結果は陰性でしたが、予定通り手術は行われ、肺の3分の1を切除しました。しかしその後、結核菌の塊だったことがわかり、念のためにと結核の薬を服用したところ、今度はその薬で肝臓をやられてしまい再入院です。

知人が、僕を遠目で偶然見つけたことから、「深谷さんは肺をとったが再入院している。かなりヤバいのでは」との噂が巷に広まりました。

退院してすぐ、のちにバル街の実行委員になられる村岡武司さんのギャラリーに行ったとき、彼は僕の顔を見るなり絶句しました。後年、あのときはどう声をかけてよいのか困惑して言葉に詰まったと言われ、大笑い。

やがて、山歩きや水泳を楽しむまでに回復しましたが、治療と療養の約3カ月の間は店を閉じることになり、その間、従業員を知人の店が預かってくれたのでほんとうに助かりました。この体験から〝備えあれば憂いなし〟を肝に銘じ、万が一に備えています。

そして、店を再開してまもない1994年2月、フランスから手紙が届きました。5月5日から7日にかけてビアリッツで行われる『世界バスク料理会議』に日本を代表して来てほしいという内容でした。初の外国からの招待に心が躍り、病み上がりでしたが受けることにしました。ビアリッツはフランスの大西洋に面したスペイン国境に近い街で、スペインのバスク地方とは国境を挟んで同じような食文化を担っています。

出発は5月3日。店はゴールデンウィークのかき入れ時でしたので、僕の右腕である伊藤博和君はじめスタッフ一同に、バカンス（店の長期休暇）が始まる5月10日までコース料理だけにしてなんとか乗り切るようにと頼み、向かいました。

パリ経由でビアリッツに到着し、グランパレの宮殿ホテルに泊まると、なんと夜中にかつてない多量の汗をかいて眼を覚ましました。汗は止まりません。日本とは勝手が違い病院へ行くわけにもいかず、もしかしたらと死をも覚悟するほどでした。

初めて訪れた『世界バスク料理会議』…とある予感

それがなんと、朝起きてみると嘘のように症状がすっかり消えています。

原因は帰国後にわかったのですが、身体が完全に元に戻ってはおらず、飛行機に長時間乗った疲れを熱の放出により調節していたのです。

3日間の会議には、アメリカ、イギリス、そしてアジアからはインドネシアなど、フランスとスペイン以外の外国でバスク料理を提供しているシェフが7人招待されていました。日本からも含めて50人ほどの取材陣も集まっていて、ジャーナリストから訊かれた質問です。

「日本人は、バスク料理をほんとうに美味しいと思って食べているのか？」

自分の店で出している鱈《たら》や小イカのメニューを説明し、経営もうまくいっていると話しました。ところが「本当か？」と言いたげな懐疑的な記者の眼差しに、僕は思わず大声を上げ、テーブルを叩いてしまいます。

「美味しいものは、美味しい！」

翌日の地元紙に、大きな見出しで載っていました。

会議にはフランス側のバスクのシェフばかりでなく、スペイン側のバスクの主だったシェフたちも集まっています。そこで会えたわが師ルイス・イリサールに、この会議の席でフランス側の人たちに、僕のことを丁寧に紹介してくれたお礼を言ったときのことです。

「フランス側はこのくらいのことをやっているが、俺たちスペイン側はもっとすごいことをやるから、今に見てなさい」

いつもの自信ありげな、にんまり顔で言いました。

修業を終えた後も、研修を兼ねて2年に1度のペースでルイスを訪ね、スペインのサンセバスチャンへと通っていました。昔の仲間はもちろん、ほかのレストランの料理や旧市街地のバルで供されるピンチョスが、誰の眼にも明らかなほど良くなってきていて、その都度刺激を受け、教えられることが多くなっていました。

「あの店がミシュランの星をとった。あの店は郊外に高級レストランと宴会場を設けた。宴会場で儲け、その利益で高級レストランを支えているらしい。そして星を狙っている。ピンチョスをもっとエレガントにして、串に刺したものにはバンデリージャ（闘牛士が使う飾り矢）という名前を付けた。料理を小さいポーションにして出し、皿数を多く出し始めた」

など、会うたびにルイスは自信を深め誇らしげに語ります。

「地域のレストラン全体が確実に良くなってきている」

——まさか、かの昔日の夢がほんとうに実現するのだろうか……。

そんな期待と予感が高まりつつありました。

弘前のシェフたちから得た刺激

函館の僕の店「レストラン・バスク」には、東京方面からもお客さんが見えるようになってきました。

著名な料理評論家の山本益博さんや岸朝子さん、そしてフランス料理の有名シェフも来始めた1995年、久慈義寛さんから青森県弘前市にフランス料理店ができたとのお誘いを受けます。地方で頑張る欧州料理のレストランとシェフに自分を重ねて見ていましたので、地元の素材をどれだけ使っているのか興味が湧きました。そのお店が、その後お付き合いをいただく山﨑隆さんの「レストラン山﨑」です。

鰺ヶ沢産のイトウや、長谷川自然牧場産の豚のコンフィを美味しくいただきました。そしてその場で突然、彼が主宰（当時）する弘前フランス料理研究会による「夢のディナー」というイベントに誘われます。各分野の料理人が地元の食材でオードブルからデザートまで組み立てるという企画で、その年の秋に加わりました。僕はそのとき「自家製生ハムと厚沢部の鴨のブイヨンスープ」を供しました。

会場には、料理人以外に地元の料理研究家や食材生産者の方々もおられます。のちに『奇跡のリンゴ』で有名となる木村秋則さんともお会いできました。山﨑さんは木村さんが世に知られる以前から彼のリンゴをメニューに採り入れ、応援してきたというのです。その経緯と、想像を絶する苦難の末に世界初の自然栽培リンゴを成し遂げた半生を知り、いたく感動しました。

山﨑さんは1989年に「弘前フランス料理研究会」を立ち上げ美食会を開く一方、地元の各分野の料理人に声をかけて「夢のディナー」を企画し、近年は全国へと展開を広げ、各地の食材を活かした一大美食イベントを仕掛けています。

僕は、スペインでの修業時代に招かれたルイスの勉強会を思い出しました。分野の違う料理人であればこそ、より自分の技術を話しやすく、うまくまとまるのではないか。山﨑さんはこの研究会を母体として「フランス料理の街弘前」を唱え、今では仲間のレストランにも県外からツアーが組まれるほど全国へと知れわたりました。

そのような活動にも刺激を受けた1998年、函館の「こなひき小屋」の木村幹雄さん、ソーセージやハム製造販売のデリカテッセン「ノイ・フランク」の山田芳順さんに、その昔ルイスに言われて以来、ずうっと胸にしまい込んでいた構想を話しました。

クラブ・ガストロノミー・バリアドス

「料理に携わるプロに声をかけ、情報交換や勉強会をして向上し合える会を作ろう！」

1カ月に1回会員の店を持ち回りし、普段は店に出せない、つまり材料が希少だったり、高級すぎたり、またはたまたま入手した珍しいものなどを使い、料理人自身が心から作ってみたい料理を披露する。試食も兼ねて皆で食べ、作った人から説明を受けます。さらに、さまざまな分野の専門家に1時間ほどの講義をしてもらう。こうした食の知識と技術向上を目的とする組織の立ち上げを決めました。食に携わる同業異種の会「クラブ・ガストロノミー・バリアドス（食を追求する仲間たち）」、通称「クラブガスバリ」または「ガスバリ」の誕生です。

函館でより高いレベルを目指していると思われる人に声をかけました。断られることもありましたが、なんとか14人で旗揚げし、1カ月に1度、夜10時ごろ集まります。メンバーは先の3人に加えて、中華、イタリアなどの料理人のほか、パティシエ、豚肉の生産者、製麺業者、ワイン販売を手がけるソムリエなど料理人以外の人も加わりました。

各人の想いの詰まった料理や、素材となる生産物を食べ、それに合うワインや日本酒を試飲しながら飲食店の情報交換をします。専門が違うので訊ける調理技法、たとえば中華の人には油通しの方法や下ごしらえ、パン屋さんには天然酵母の特徴など、この集まりは勉強会の場となっていきました。

さらに、各専門分野の方に講義してもらいました。小麦粉なら製粉会社の人に、塩は塩造会社の人に来てもらい、原産地や種類とその特徴を語ってもらいます。大学の先生には近海で獲れる魚の情報、海流や季節の海水温度変化などについて、物の流れは流通関係者にと、知って得なことは無限にあります。知ることにより料理の幅が広がるばかりでなく経営にも役に立ちます。また生産者を交えたときには、料理人から欲しいものを伝えることにより、お互いに新たな活路を見いだせます。

時々、仲間喧嘩もあり退会する人もいますが、新しく入ってくる人もいます。

やがて「勉強会だけでは飽き足らない、ほかにもできないだろうか？」と積極的な意見が出るようになりました。

そこで弘前で経験した「夢のディナー」の件を話し、ひとり1皿、料理を考え準備する。盛り付けは皆で行ない、料理が出たらその場で作った本人がお客様の前でその料理を説明する。料理人以外は受付や席への案内を担当する、というイベントです。この考えに皆が賛成し、「クラブガスバリの１００人の食卓」という、オードブルからデザートまで10皿の美食会を行いました。

この催しは3回行われ、１００人満席で評判がよく、メンバーのなかには昔とった杵柄とばかり、コック服から蝶ネクタイと黒服に着替えてサービスまでする人もいて、回を重ねるごとに各自の力が十二分に発揮され、団結力が強まっていきました。

ＩＴ技術が勃興し始めたときにはインターネットを使い、「クラブガスバリの食の玉手箱」という名前で、メンバー各自が調理した料理を一緒の箱に詰めて販売しました。メンバーが生産、製造した食材を使い、お互いの材料、調理法、彩り、費用などを調整することにもだんだん慣れてきたので、２００8年には「クラブガスバリのおせち」に取り組むことを発表しました。

長方形（61×21×6センチ）の2段になった杉の折箱を、函館の折箱職人の方に特注で作ってもらいましたが、今度はこの大きな折箱を包む市販品がなく、これまた特注で風呂敷まで作ってしまいました。各料理を仕切りで分け、フレンチ、イタリアン、中華、和食、洋食、スペイン、パン、ワインと、調整は大変でしたがなんとか仕上がります。

企画段階で地元の丸井今井デパートへと説明しに行った際には、よくある売り込みと思われたようで初めはいい反応をしてくれません。当時、異種混合のおせちはほとんどなく、始める前に東京や大阪に行きパンフレットを集めて調べましたが、せいぜいホテルの和洋中セットくらいです。僕はこのおせちがいかに価値のあるものかを、仕入れ担当者に一生懸命伝えました。

「なにせ全員が一国一城の主ですから、全体の統一にあたり、食材の重複をなくす調整とか、まとめるのがいかに難しいか。その甲斐あって、完成したおせちのバラエティはすばらしく、この新しい付加価値を、ぜひとも、消費者の信頼が厚いデパートから発信していただけないでしょうか！」

口角泡を飛ばす勢いの僕は、まるで企画会社の営業部員です。

全体の統一と食材、味、見た目のバランス、それらに関わる食材の値段設定など、われこそは親分と思っている面々が、ひとつの目標のための調整に納得してくれ、その結果、「クラブガスバリのおせち」は即、完売！

この活動と成功体験が、のちに料理人が力を合わせ社会へと働きかける原点となりました。

心震えたサンセバスチャン「世界最高美食学会」

1994年、フランス・バスク地方のビアリッツに招待された『世界バスク料理会議』で、ルイス・イリサールが僕に「俺たちはもっとすごいことをする」と言い放ちました。

それが、サンセバスチャンで1999年から始まったLMG（Congreso Lo Mejor de La Gastronomía）、「最高美食学会」です。

ただ、僕の耳にはすぐにその情報が入ってきませんでした。バカンスを利用してバスク地方に行くのはいつも春で、LMGは秋に開催されていたからです。そのことを2004年の春に行ったときに知り、秋にもう一度会議のために訪れてみました。

クルサールという、海に突き出て傾いているように見えるコンベンションホールを会場に4日間の予定で開催されました。メインホールを覗くと、真っ暗な中、ステージ中央に料理写真や動画をプロジェクターで映し、それを作った料理人が説明しています。

席についてあたりを見回すと、満席であちらこちらからフランス語、イタリア語、英語などが聞こえてきます。その多くは料理人のようです。やがて、日本から来た「龍吟」（日本料理）の山本征治さんが登場し、オリジナル料理について惜しげもなく発表し始めました。

発言が終わると会場は割れんばかりの拍手。背中がゾクゾクし、今まで感じたことのない興奮を憶えました。

こんなシーンは見たことがありません。料理人が大勢の人の前で自慢のスペシャリテ（看板料理）を論理的に、あるいは科学的に、ときには哲学、信条といった精神的背景まで交え深く掘り下げていきます。ある料理人は、

「幼いころ海岸で育ち、いつも海の香りを嗅いでいました。その豊かな恵みを表現するためにこのようなひと皿を作ってみました」

海の香りとして海草の香りのスプレーなどを店内に振り撒く映像が展開されると、観客席がザワめきます。驚き、学び、共感、そして話し終えた途端、会場は割れんばかりの拍手と歓声があがり、僕は思わず身震いしました。

――こんなことって、ほんとにありえるのか！

メインホールの外では商品の見本市、いわゆる展示会や分科会も行われています。

――すごい！　もし日本でもこんな会議をやれるとしたなら、いったい誰が、どこで？　やっぱり東京？　いや、食の供給基地北海道？　やるなら札幌か？

そのときはそう思いました。約1年後、北海道新聞に料理人グループの活動を紹介する記事が載り、翌年札幌で大きな料理会議を開く予定、というくだりがありました。期待していましたが、その後一向に話題にのぼらず、関係者に問い合わせたら実現できなかったとわかりました。これらの経緯と、僕のなかにくすぶる迷いを、2007年の銀座松屋でバル街を催した打ち上げのあと、路を歩きながら和田一明さんに思い切って相談しました。私と同い年でソムリエの和田さんは、私が独立するときに日本に入っているスペインワインについていろいろ教えてくれた人です。その後、ガスバリの仲間に入ってもらい、自宅が近いこともあってなにか事があると相談する相手でもありました。

「北海道で誰かがやらなければ。でも僕にはとても……でもやれたなら……」

同じようなことを繰り返しているうちに、彼は僕の背中をドーンと押しました。

「それ、やろう！　俺、全面的に手伝う」

まさかの「世界料理学会」

和田さんのひと押しで決意を固め、バル街とは別に、このイベントのために実行委員会を立ち上げます。

和田さんとクラブガスバリの木村幹雄さんをはじめ6人にご参加いただき、事務的なことやパンフレット製作などはバル街実行委員でもある田村昌弘さんが一手に引き受けてくださいました。準備期間に約半年、２００９年4月20日、21日の2日間、函館五島軒で「２００９　世界料理学会 in HAKODATE」と銘打って開催することになりました。

名称を明らかにしたとき、方々から質問をいただきました。「函館でやるのに〝世界〟とうたっていいのか?」、「学者ではない料理人が〝学会〟と名の付く場でなにを発表できるのか?」……

時代をリードする料理人が自ら考え編み出した料理技法、料理哲学を公表することにより、情報を共有できます。そして、わざわざ函館まで来てもらう意義ですが、前日にバル街を散策して楽しみ、終電も次の日の準備も気にすることなくリラックスできます。旧知の仲間もいる料理人たちが同じホテルに泊まるので、まるで合宿のように好きなだけ料理談義ができます。東京で話していても、どうしても次の日の営業を考えると話が尻切れとんぼで終わってしまうけれど、函館では朝までとことん話せます。

なにより情報を共有することで料理人同士の熱いつながりができます。まさに、「料理人による、料理人に携わる人のための、料理学会」を目標にしました。

いよいよ幕が開きます。日本を代表する料理人、世界で認められたシェフたちが大スクリーンに準備してきた写真や動画を映し、自分のスペシャリテを説明します。作る過程だけでなく、料理の発想の基になった幼い頃からの環境や今の立ち位置など映像を駆使し、ときには数字、グラフなども交え科学的分析をも試みます。また、素材の現場に赴き、こだわりの生産地と関わる人々を紹介し、なぜこの料理に行き着いたのか、ふだん隠されている料理人の素顔を大胆なまでに見せます。突き詰めれば、料理人のうちに秘めた哲学、生きざまを語ることになります。

どうして函館なのか

どういった料理人に来ていただこうか。誰の発表を聞きたい？　誰だったら来てくれる？　やると決めたものの、じつはほんとうに心細かった。そこで、「ザ・ウインザーホテル洞爺」料理顧問（当時）でジャーナリストの齋藤壽さんや、何度もサンセバスチャンの料理学会を取材している柴田書店の木村真季さん、あの学会を知り、世界に向けた仕事をしている東京赤坂「アロニア・ド・タカザワ」(その後「TAKAZAWA」)の高澤義明さんに相談して、多彩な料理人にご登場いただくことができました。

スペイン料理フォーラムでもお世話になった、南麻布「山田チカラ」の山田チカラさんも駆けつけてくれました。以前からお付き合いのある料理人にも声をかけ、関東、関西、東北、北海道、そして函館の料理人にも参加を要請しました。

初日、まずは主催者として僕の挨拶のあと、オープニング・トーク「料理学会とは」で幕を開けました。木村さんを司会に、高澤さんをはじめ、サンセバスチャンでの発表を見たことが発端となった「龍吟」の山本征治さん、関西スペイン料理界のドンである小西由企夫さんにご登壇いただきました。

2日間にわたったこの料理学会では、海外からはスペイン・サンセバスチャン「レストラン・ココッチャ」のダニエル・ロペスさんや、フランス・パリ「クリスタル・ド・セル」(当時)のカリル・ロペスさん、シンガポール「フィフティースリー」のマイケル・ハンさん、南米のグルメTVで活躍しているアルゼンチン「レストラン・ドド・クラブ」総料理長(当時)大野剛浩さんなど。東京神楽坂「ル・マンジュ・トゥー」の谷昇さんや東京銀座「六雁」料理長の秋山能久さんなど、首都圏からも多くの料理人がご参加くださいました。東北からは山﨑隆さんや滝沢英哲さん、北海道では札幌の石井誠さんや真狩村の菅谷伸一さんほか、函館の坂田敏二さんにも。そして北海道大学大学院教授、今野久仁彦さんからは「タンパク質を科学で説明する料理方法」と題した講義があり、齋藤壽さんにまとめの講評をお願いしました。

準備段階でのこと。齋藤壽さんに僕が思うシェフの名を挙げ、まずは電話を入れてもらいました。そのあとに僕が主旨をご説明するという段取りにしましたが、いざ僕が電話を入れてみると、

「なんで、函館まで行かなきゃならないのか？　齋藤さんから頼まれたから仕方ないけど……しょうがないなぁ」

そんな厳しいお言葉が待っていました。あたり前です。日本での事例はなく、料理講習会ならまだしも、自ら映像を準備し、店も閉めなければならないのに、こちらで用意できるのは交通費と食費だけです。いったいオレを誰だと思っているのかと言われても仕方ありません。

渋々ながらも函館に来てもらうと、前日のバル街で夜の散策を楽しみ、ホテルでは旧知の仲間や料理人たちと料理談義に花が咲きます。

来函前、不平不満をもらしてた著名な料理人のひとりからこんな言葉が。

「いやぁ、じつにおもしろい。自分で考えた料理技法、料理哲学を公表して、料理人皆で共有するなんてすばらしいことだ。これからもできることがあれば、なんでも言ってくれ、手伝うよ。是非ともつづけて」

料理人同士の厚いつながりができ、ためらいつつも、自分なりに構想していたことがまた一歩実現しました。

この報告を、ルイスは誰より喜んでくれました。

第1回目の入場者の多くは函館在住の人でした。料理好きの人、僕の友人や知人、なにがなんだかわからないが、とりあえず参加した人もいます。

料理人ではない知人の男性が会場にいました。その人は途中、携帯電話の着信があったようで会場を出ていきましたが、1時間ほどでまた席に戻って発表に見入っています。これは価値を感じたから戻ってきたのであり、義理で入場したのとは違うと確信します。

来場者に「時間の無駄だった」、「来なければよかった」と言われやしないかと内心ヒヤヒヤしていましたから、あとでその方から「すごくおもしろい!」と握手を求められたときにはホッと胸を撫でおろしました。

昔、威厳のある学会に出席したら、聴衆が数えるほどで始まった途端に大半が出て行ったきり帰って来ません。会場の外では仲間で雑談に興じていて、学会というものが講演を聞くだけの形式的なものに感じていました。しかしその不安は見事に払拭され、おざなりの会でなく本物だと感じました。

舞台裏と資金繰りの秘策

2回目のときの打ち上げの席——。

アメリカの3つ星シェフであるグラン・アケッツさんが、通訳の人とコンビニに行ってくると言って出て行き、すぐに通訳の人から電話がありました。

「グランがこの学会にお金を出したいと言っている、どうしますか？」

とてもうれしく、驚きましたが、とりあえず丁重にお断りをと返答しました。

招待した料理人から、まさかこんな申し出があるとは予想しませんでした。

グランは何事もなかったかのような顔をして帰って来たので、アイコンタクトで〝ありがとう〟とサインを出しました。それでもグランは帰りがけに皿の下に3万円置いていったので、それだけは真摯な心遣いとして受け取ることにしました。グランは仲間とホテルに戻る途中でお酒を買い、街中の芝生の上で朝方まで語らい、このひと時を存分に堪能していたと伝え聞きました。

5回目のときには、あのエル・ブジ（El Bulli）の料理長だったオリオール・カストロさんが来ることになりました。エル・ブジは、スペインが生んだ天才料理人フェラン・アドリア率いるレストランで、2011年に閉店するまで世界一予約の取れない、といわれた伝説の店でした。

そのオリオールさんが函館に来て前夜祭でバル街を回り、関係者の集まる席に着いたときのことです。

「この学会の主催者、スポンサーは誰？」

「あそこにいる料理人です」

「違う。料理人じゃなくて、スポンサーは誰なのかな」

函館の学会は行政の補助金や大きなスポンサーをつけず、料理人を中心に行われていることを知って驚いたようすです。

彼は打ち上げの席では「俺にも仕事をさせろ」と言い、皆と一緒に魚をおろしたり、火を入れたりしながら宴席料理を作りだしました。あのエル・ブジの料理長が慣れない場所で素材と格闘し、和気あいあいと打ち上げの一品を作ったのです。

さらに山本征治さんと高澤義明さんが、同じ料理を競争して作り始めます。アル・ケッチァーノの奥田政行さんは野菜炒めを作り、その隣りでは、六雁の秋山能久さんが必死になって魚をおろしています――。

普段は一匹狼の料理人が、素材を目の前に皆で調理し、食べて飲んで、朝まで料理談義が繰り広げられるという、こんな夢のような光景は函館ならではのことです。

そして、外国からのゲストを、単独ではなく夫婦あるいは連れ合いとしてふたりでの招待にしました。家族、友人、スタッフなど普段から気の置けない人と一緒なら気楽です。問題はその資金。補助金やスポンサーなしでどうまかなうかです。

① 入場券の販売
② 冊子（パンフレット）を作り広告での収入
③ パーティーの売上の一部を収入にあてる
④ カレンダーの売上をあてる

①②はごく一般的なこととして、③のパーティーとは参加者を募って初日の夜に開催する有料のパーティーのこと。パーティー会場では五島軒や国際ホテルの料理も出ますが、招待シェフにあらかじめピンチョスのレシピを出してもらい、それを会場に設けた各人のコーナーに並べます。お客さんには有名シェフたちのピンチョスを食べられるだけでなく、自由に話し、記念写真も撮れるようにします。作ってくれたガスバリの仲間には材料費だけで我慢してもらい、売上の一部を収入にし、学会を支える資金を料理人

が支えるという仕組みです。料理人の情熱を業界のためにも注ぐという、まさに「料理人による、料理に携わる人のための、料理学会」です。

美味しいカレンダー

世界料理学会の資金の一部を支えているのが、④の函館圏の同業異種の会「クラブ・ガストロノミー・バリアドス（通称ガスバリ）」のカレンダーです。

コトの発端は、バスクにルイスを訪ねた1990年のある日、事務所の本棚のわきに埃をかぶっている印刷物がありました。一部を手にとって見ると1981年のカレンダーでした。

表紙には港と山を合成した写真をバックに、ルイスほか10人の料理人がコック服姿でニッコリ微笑んで居並び、ページをめくると1ページごとにひとりの料理人の写真があり、ふたりコラボのページを含み計12カ月を構成しています。裏表紙には各料理のレシピがあり、地元の金融機関がスポンサーになっています。

そのことが頭の隅にあり、ガスバリもこれを進化させたカレンダーを作ろうと皆に相談しました。料理を懸命に追求する人にとっては、素材を含め〝これこそがオレの料理だ〟と誇れるものがあります。それを大きな写真と一緒に、思いの丈を文章で表現するという案に賛同を得ました。次にスポンサーを探したところ、意外にも反応が悪く、ある経営者からは「社会状況を知らないのか」とまでこき下ろされる始末。「カレンダーにカネをかけられる会社なんか函館にあるわけがない」、「あなた方にとってメリットがあるけど、我々のメリットはなにもない。世の中そんなに甘くない」など散々でした。

——ならば、自分たちで売ろう！

ある会社では毎年既成のカレンダーを買い、社名だけを入れて配っていました。それなら会社回りをして何部かずつでも買ってもらえないかと思い、バル街実行委員でもある印刷会社の社長、浜中正治さんに相談しました。

「やめとけ。カレンダーは思ったよりカネがかかるだけでなく、新年1月に入った途端売れなくなるし、赤字が目に見えている」

それでもなお僕は、作りたいという意欲が赤字の不安より強く、1部1100円として2000部で採算が取れるとわかった時点で、製作を決めてしまいました。

ガスバリの仲間が、各自函館の旬の素材を使った料理を作る。そしてカレンダーに載った料理は、その月にその店に行けば食べられるという条件で、1月から12月までを分担しました。

同時に各自の友人知人を頼み、営業トークを用意して売込みに奔走します。
①このカレンダーが函館以外に送られて壁に貼られていると、旅行したいと思ったとき「函館に行けばこの店でこの料理を食べられる」、さらに函館の旬も分かり、旅行する目的動機につながります。
②50部以上だと値段は840円で、カレンダーに会社名を無料で印刷します。
恥も外聞もなく企業を訪問して、2009年は2000部、店頭売りを含めすべて売り、収支もトントンとなり、まずはホッと息をつきました。

次の2010年は、1年かけて売れそうな会社を探し、2500部に増やしました。部数が増えると黒字にはなりますが、世界料理学会の規模が大きくなるにつれ、かかる費用も増えていきます。「そろそろ行政の補助金を」という声が聞こえ始めていましたが、とりあえずカレンダーの黒字分をあてに踏ん張ると決め、より一層カレンダーの営業に力を注ぎました。

2016年3月には新幹線が函館まで延びました。正確には隣の北斗市にある新函館北斗駅までです。前年の北陸新幹線開業のときには金沢駅が人であふれ返ったと報道されていましたが、北海道新幹線は東京からだと4時間を超え、本数も少なく、どうなることかと気をもむ人が多くいました。ところが5月ごろから観光客が増え始め、市内の宿が取れないとのことです。函館が観光地としてポテンシャルの高いことに改めて気づかされました。そう思うと、函館の魅力をより深く知ってもらう手段として、このカレンダーの役目がより発揮されるのではないか？

観光客は函館山から見る夜景、教会群やウォーターフロントの散策や、函館の食に強く惹かれています。情報の大半はカニやイカ刺し、そして海鮮丼のイメージが強く、それはそれでいいですが、ほかのジャンルでもとびきりの店があるということ、さらにバル街や世界料理学会の魅力も伝えたい。それらの情報がカレンダーを見ればわかり、カレンダーであればこそパンフレットのように簡単に捨てられたり、また本のように本棚にしまわれずにオフィスや家庭の壁に貼られて、日常なんの気なしに見てもらえます。

2017年からは各ページに、今月この店に来ると「カレンダーに載っている料理が食べられます」と、はっきり書き込みました。月ごとに違ったオリジナル料理が食べられるとなると観光への動機が一層強まるはずです。大写真と料理人の誘い文句が食の魅力をアピールし、この言葉をセールストークに、それまで買ってもらえなかったところへも売り込みました。

結果、4000部近く印刷するも足りなくなりました。

このカレンダーも初めは料理人の夢、次に世界料理学会の資金、さらに函館の食を売り込み、観光客を呼び込むPRへと目的が変化してきましたが、今ではガスバリメンバー以外の料理人も加わったり、より進化し充実したコンテンツになっています。

地域を活かすテーマ

世界料理学会は２００９年４月からは、１年半ごとに開催しています。

３回目の２０１２年４月、約８００人を収容できる函館市芸術ホールを新たに借りることにしました。

最初に見たサンセバスチャンの大会場の光景が忘れられず、それに近い、より大きな会場を使用することにしたのです。ただし、それまでの２００人くらいの参加者規模では、この会場では少なすぎて格好がつかず、発表者も気乗りしないと感じ、より多くの人に来てもらえるよう企業への参加を働きかけました。

同時に３回目からは学会のテーマを立てることにし、まず「海草」と決め、函館の昆布販売会社を回りました。函館市の南茅部《かやべ》地区で採れる真昆布《まこんぶ》は、身が厚く、切り口が白く見えるので白口浜《しろくちはま》昆布とも言われています。古くから献上昆布として、朝廷や徳川将軍家に献上され、いまでも昆布の値決めの基準になっています。

僕がスペインにいたとき、実家から送られてきた昆布や海苔を賄いに食べようと持っていって説明しても、誰からも見向きもされず口に運んでもらえませんでした。

「そんなのは海のゴミだ。なんでそんな物を食べるのか?」

加えて、女性は髪が黒くなるので嫌だとも。それが今や健康、美容という観点から世界中の注目を集めています。ミネラル豊富でノンカロリー、またゼラチンとは違い温かくしても固まる凝固剤としても重宝されて、海草について語れなければ食文化の語り手として一流でないとさえ言われるまでになりました。

函館近海ではその海草の代表格である昆布、それも献上昆布が採れ、良質の昆布は海が豊潤な証拠であり、当然魚介類も豊富というイメージにもつながります。スペインでは養殖も始まっているくらい、この分野は世界に広がりを見せています。

現在、料理に求められる大事な要素は、健康、エコ、倫理観とされ、海藻はじつにマッチした食材であり、学会では昆布の専門家や国内外の著名料理人が、海藻にまつわるスペシャリテを考えつくまでの物語を展開します。

営業活動の成果もあって芸術ホールの会場には約400人と、なんとか格好がついて発表者も力が入ったようで、招待シェフも人脈をたどっていくたびに多彩で新たな顔ぶれが加わり、人数も増えていきました。世界料理学会の名も徐々に知れ渡り、若手の料理人からは、「どうすれば発表できるのか?」との問い合せも来るようになりました。なかにはスポンサーを買ってでたりと、回を重ねてその価値は高められていきました。

講演する人物を紹介する司会の役割も料理人が務めることになり、その人となりを知っているがゆえに料理だけにとどまらず、そのバックヤードをさりげなく話してくれます。僕が山形県鶴岡市のアル・ケッチァーノの奥田さんを紹介したときには「宇宙から地球を見て料理を考える奥田シェフ」と言い、宮城県塩釜市のシェヌー・赤間善久シェフによる、栃木県宇都宮市のオーベルジュ、オーナーシェフ音羽和紀さんの紹介では「自分と同じようにみんなでフランス料理をやってきた」との苦労話も印象的でした。初めての人でもホッとリラックスできてスピーチもなめらかになり、まさに料理人による、料理人の司会の良さも出てきます。入場者は人気シェフの追っかけファンや友人、加えて関連する業者へと拡がっていきました。

発表会場は1日目が芸術ホール、2日目は函館国際ホテルのほとんどの宴会場を貸切り、メイン発表とは別に、分科会では料理界で話題になっているテーマをとりあげてセッションを行います。ほかの会場では食材見本市も開かれ、函館を中心とした道南地域の魚介、農産、畜産、加工品を並べ、生産者がアピールできる場にしました。料理人にとっての食材探しは一番重要であり、片や生産者は素材への熱い思いを伝えられます。料理人は聞くだけでなく、なにを求めているかを生産者に話すことでお互い手応えを掴めます。やる気のある生産者にとっては、料理人とがっぷり相撲をとれる土俵なのです。また国際ホテルは、招待者の宿泊と初日のパーティー会場にもなりました。

世界に売り込む情報発信源

料理人だけでなく、野菜ソムリエ、食品会社の社員、料理研究家にとっても世界料理学会は興味深いものとされ、交流はマーケットの広がりという確かな手応えをもたらします。場所さえ確保できれば、範囲を広げて料理の博覧会になる可能性も出てきました。

4回目のとき、1回目から参加していただいている東京銀座「六雁」の秋山能久さんから提案がなされました。

「2016年は有田焼の窯が開いて400年を迎えるので、この世界料理学会を佐賀県主催でやらせてください。この学会を通して有田が世界に羽ばたくために」

もちろん、お手伝いさせていただくことになり、2016年5月3、4日の2日間「器と料理のマリアージュ」をテーマに、「世界料理学会 in ARITA」が行われました。

料理とワインのマリアージュはよく聞きますが、器との相性については、かの北大路魯山人の名言を思い出しました。

――（中略）書でも絵でも陶器でも料理でも、結局そこに出現するものは、作者の姿であり、善かれ悪しかれ、自分というものが出てくるのであります（出典：『魯山人味道食器は料理の着物』）。

有名シェフたちが自分のイメージする器を窯元に相談して作ってもらい、仕上がった作品に対面し、各自の料理哲学に基づいたひと品を盛り付けるようすを大スクリーンで紹介しながら解説、観客を惹きつけることができました。

自分の料理の考えを歌にし、矢沢永吉ばりに壇上で歌ったシェフは大ウケ、大爆笑が巻き起こりました。環境問題、豊洲市場、そして食糧問題をも取り上げ「2100年にはレストランはいらなくなる」とのショッキングな問題提起もありました。

有田に来れば、料理人の望む器が手に入るというメッセージを発信でき、佐賀県が主催したことによりテーマと関わる人々の幅も広がりました。

この経験を通して、学会の認知度の高まりと共に各地で開催されることを願い、それぞれの地域を応援できたらとの発想が生まれます。

4回目のテーマは「鱈《たら》」。私は函館で獲れる鱈は世界一かもしれないと思ってます。

第6回 世界料理学会 in HAKODATE タイムテーブル（2016年9月5日、6日）

第1日　会場／函館芸術ホール　　交流会／レストラン五島軒		
9:30	開場	
10:00-10:10	開会挨拶	深谷宏治（実行委員会代表）
10:10-10:50	【オープニングセッション】 いま料理人に突き付けられている刃 ー素材・環境・経済ー	玉村豊男（ヴィラデストワイナリー） 齋藤　壽（美瑛料理塾） 深谷宏治（レストラン バスク／函館）
11:00-11:50	伝統、憶い出、革新	チェレ・ゴンサレス　Chele Gonzalez（Gallery Vask／マニラ）
13:00-13:30	次世代に伝えたい料理の可能性	植木将仁（MASA UEKI／東京）
13:40-14:10	Chef's High	須賀洋介（SUGALABO／東京）
14:20-14:50	お茶と料理のペアリング	大橋直誉（TIRPSE／東京）
15:00-15:30	土産土法を考える	伊藤勝康（ロレオール／奥州）
15:40-16:20	『世界料理学会 in ARITA』開催報告	秋山能久（六雁／東京） 梶原大輔（souRce／武雄）
16:30-17:00	世界に誇りし日本料理　RyuGin History 2016（いか→かに）	山本征治（日本料理龍吟）
19:00 ～	交流パーティー（レストラン五島軒）	

第2日　メイン会場／函館国際ホテル「高砂」		
9:30-10:00	イカメシ de フレンチ ー町場のレストランからの発信ー	平山　憲（ビーズ・ビー／函館）
10:10-10:40	【トークセッション】 地方レストランの楽しみと苦しみ	太田舟二（レストラン ニコ／酒田） 奥田政行（アル・ケッチァーノ／鶴岡）
10:50-11:20	イカの生態と高鮮度化	桜井泰憲（函館頭足類科学研究所）
11:30-12:00	オー・マイ・ラム 羊飼いと料理人	高橋　毅（ラ・サンテ／札幌）
13:00-13:50	ガガン・キュイジーヌにおける日本の影響	ガガン・アナンド Gaggan Anand（Gaggan／バンコク）
14:00-14:30	One man's trash, another man's tresure	川手寛康（フロリレージュ／東京）
14:00-14:30	あおり烏賊でみる、日本料理の伝統と革新	植村良輔（植むら／神戸）
15:20-15:50	ル・ミュゼ　美の世界	石井　誠（ル・ミュゼ／札幌）
16:00-16:30	人、土、水、蓮根、加賀料理	髙木慎一朗（日本料理 銭屋／金沢）
16:30-16:40	閉会挨拶	深谷宏治

第2日　分科会会場／函館国際ホテル「白鳳」		
9:30-10:20	【トークセッション 01】 日本ワイン	玉村豊男（ヴィラデストワイナリー） 辰巳琢郎（タクスオフィス） 田辺由美（ワインアンドワインカルチャー） 平川敦雄（平川ワイナリー）
10:50-11:40	【トークセッション 02】 EVOLUZIONE！日本でイタリア料理を作るということ。	横江直紀（ラパルタメント・ディ・ナオキ／東京） 當間一貴（アンティカ・オステリア・デル・ポンテ／東京） 岩坪　滋（イル・プレージョ／東京）
13:00-13:50	【トークセッション 03】 中国料理における酢の活用法	田村亮介（麻布長江 香福筵／東京） 山元眞也（の弥七／東京） 東　浩司（シーフ／大阪） 佐藤貴子（中華料理専門ウェブマガジン 80C）
14:40-15:30	【トークセッション 04】 津軽海峡圏の料理人	澤内昭宏（リストランテ澤内／八戸） 関川裕哉（ル・クリマ函館／函館） 鈴木辰德（八百屋すず辰／函館）

第2日　見本市会場／函館国際ホテル「鳳凰」	
10:00-15:00	北海道・青森食材見本市

6月頃から10月頃まで獲れる夏鱈は身が引き締まり、釣りで獲る恵山の鱈は、身が硬まる前の物が魚市場に入ります。三枚におろすと透明で身がギューッと縮みます。世界の歴史を変えた魚と言われる鱈は函館のテーマにぴったりだと思いました。

5回目は「発酵」、6回目は函館を代表する「イカ」、7回目は「山菜」をテーマとしました。自然野菜である山菜ですが、僕がスペインで修業していたころ道路脇にはワラビがいっぱい生えており、現地の料理人に「日本ではワラビといって、アクを抜いて食べる」と言うと、「草を食べなければならないのか」と、またも冷ややかな応答でした。海草と同様、見向きもされず否定されていたのですが、今ではバスク地方のレストランでも大事な食材となりました。

フランスのミシェル・ブラスさんは自分の住む地域の植物を研究して、多くの野草や野菜を盛り込んだ「ガルグイユ」というひと皿に仕上げ、ミシュランの3つ星に輝きました。それ以降、多くの有名レストランで取り上げられ、ヨーロッパのレストランメニューには欠かせない食材となっています。

日本では昔から山菜を食べる習慣があり、体内に溜め込んだ毒素を排出するデトックス効果も提唱されています。苦みを抜いたり、保存食として蓄えたり、季節の香り、甘み、触感を楽しむなど調理技術は断然一歩先を行っています。

また、アイヌやマタギにみられる山との対話、山からの恵み、自然への感謝を大事にする文化は、今もっとも人々が関心を寄せる〝持続可能な社会〟への提言となりました。まさに日本は自然野菜王国であり、第7回のテーマを山菜にしたことにより、またひとつ日本の潜在力を世界へと知らしめることになりました。

社会を創る料理人

2019年2月9、10日には、東京・豊洲市場で「世界料理学会東京 in 豊洲」が行われました。有田のときと同じく秋山さんの提案によって、豊洲市場青果連合事業協会の主催で行われました。

テーマは「日本料理—伝承」。新しくなった豊洲市場を世界へ向けて発信する企画となりました。チケットは販売直後に売り切れてしまい、函館の世界料理学会の関係者数人からチケットを頼まれていましたが手配できませんでした。それだけ関心が高まってきたという確かな手ごたえを感じました。

そこでは日本料理の錚々たるメンバー11人に、ル・マンジュ・トゥーの谷昇さんや料理関係者3人が加わり、2日間にわたって講演が行われました。僕は、日本料理の人からどんな評価をされるのかと不安もありましたが、終えてみると料理学会の意義に共鳴いただき、主催者の方々からは「来年もぜひやりたい」というオファーをいただきました。

2019年6月10、11日には、岩手県宮古市で「三陸国際ガストロノミー会議」が行われました。第6回函館料理学会で発表した岩手のレストラン「ロレオール」のシェフ、伊藤勝康さんの発案によるもので、料理学会と名称は違いますがコンセプトは同じです。

2011年の東日本大震災で不通になった三陸鉄道が開通し、高速道もつながり、それを期に三陸および岩手の食材を国内外の多くの人々に知ってもらい、確固たる市場ネットワークを構築したいという趣旨です。

有田、豊洲、そして三陸と、食を追求する独自テーマでその地域の食文化を押し上げる料理学会は、今後もさらなる進化に加え新たな展開を見せてゆくでしょう。

続々と名乗りを上げる地域が現れるにつれ、料理人は自己を見つめ直し、より志を高く掲げて社会を創造する使命を果たしていくことになります。

時代の最先端の尖った料理を追求している人、伝統的な調理法にこだわりを持っている人、表に向かって表現している人、うちに秘めたる想いをもちながらなかなか表に出せない人、新しい食材を追い求めている人、地元に根をおろし深く掘り下げることに力を注いでいる人、和・洋・中、そうしたジャンルに入らない人……。

ともあれ、地に足をつけて料理の発展を願う料理人が集い、意見の異なる者たちがお互いを認め語り合う熱き場として、それら料理人を支えてくれる生産者も一堂に会し、有意義な時間に浸れるのがこの学会です。

第7章　美食倶楽部

男の美食倶楽部に隠された知恵

スペインのサンセバスチャンには、美食文化を支えるもうひとつのユニークな社交クラブ「ソシエダ・ガストロノミカ」、通称〝ソシエダ〟があります。

このクラブ、僕に言わせれば〝美食〟というより〝快食〟のほうがぴったり。これは男性100〜250人の会員を募り、入会金を集めて建物を買うか、または借りるかして、そこにプロ仕様の厨房と食堂を用意します。場所は旧市街の歴史ある古い建物が好まれます。会員どうし日程調整をして、このスペースを利用します。材料を持ち込み、自由に厨房を使い、食べて飲むひと時を大いに堪能するというもの。

会員は男性に限られ、女性は基本的に会員になれませんが、招待されて〝食べるだけ〟なら許されます。調理やサービスは禁止されており、女性にとっては天国のような場所です。歴史ある名門ソシエダは男性中心ですが、全体としては厳格さが薄れてくるにしたがい、女性が入れるソシエダが多くなってきました。

クラブでの会話はスペイン語のUste（ウステ＝目上の人に対する2人称。〝あなた様〟のような言葉）を使ってはならず、どんな偉い人に対しても「Tu（トゥ＝友人などに使う2人称。〝君〟的な言葉）」を使います。この規則には、階級社会の根強いスペインだからこそ、ソシエダの平等を徹底して重んずる精神が貫かれており、たとえ大統領や王様でもここでは「Tu」を使わなければなりません。

調味料は自由に使えて、飲み物はビール、ワインほかひと通りの品物は備えられ、値段が付けられています。自分で勝手に栓をあけ、精算は値段の一覧表を見て紙に書き、合計金額と一緒に貯金箱みたいなものに入れるという自己申告制です。ざっと後片付けをすれば、ソシエダで頼んだ清掃人が掃除をしてくれます。

ソシエダでは宗教と政治の話題は禁止されており、最近はサッカーに関してもダメと聞きましたが本当かどうか。いずれにしても争いを避け、楽しい時間を維持するルールとして働いています。ソシエダの運営はこれらの紳士協定の上に成り立ち、それを守る場所がソシエダであり、バスクの誇りだとバスク人は自慢します。

でもなぜ、こんなシステムができたのでしょうか。

バスク地方には、決して豊かとは言えない生活を送ってきた長い歴史があります。畑に適した耕作地面積は少なく、穀物にしてもトウモロコシは採れますが小麦は採れません。それを補うために海外での出稼ぎや、外洋での漁業に従事していた人が多かったのです。

大航海時代、スペインが南米を征服したときには多くのバスク人が参加していたとも伝えられています。漁業では鱈《たら》や鯨《くじら》を追い求めて北上し、アイスランド、グリーンランド、そしてニューファンドランド島（カナダ東岸）などで漁をし、上陸して塩を作り、獲った鱈を塩漬けにして戻って来ました。それらを売って得たお金で穀物を買って生活していました。

ちなみに、アメリカのペリーが日本に開国を迫った最大の目的は捕鯨船の補給で、そのアメリカに捕鯨術を教えたのがイギリス、イギリスに教えたのがバスク人だとか。

ソシエダにはそんなバスク人の航海で培われた知恵が生きています。厳しい自然を相手に長い航海を無事に過ごすためには、船員同士の信頼と団結心が必要で、各自の持ち場に対する強い責任感が求められます。海の上で生き抜くための守るべき掟が、ソシエダの平等主義、支払いの自己申告制度、そして平和を守るルールの根底にあります。

ソシエダの社会的役割と憧れの職業

長い航海における一番の楽しみは食べることですが、作り手は当然オトコ。ソシエダはまさに船の中を再現しているようで、現代は入り組んだ人間社会の中を航海しているとすれば、バスクの男にとってはホッと一息つける場所に違いありません。

サンセバスチャンには約150のソシエダがあるとされ、なかでも旧市街には老舗のソシエダが多く、週末は近くの市場で食材を調達して歩く男たちをよく見かけます。

調理はクラブ仲間でしますが、やはり得手と不得手があります。僕も何度か加えていただきました。全体を指揮する人、下ごしらえを手伝う人、テーブルセッティングする人、食前酒を飲んでいるだけの人も。それでも皆和気あいあい、まるで子どもが炊事遠足やキャンプではしゃいでるみたいです。

ルイスに「函館でソシエダを始めたい」と言ったときに、奥さんのビルヒーニャから「あぁ、第2の幼児遊びね」と冷やかされました。彼女いわく「材料費に無頓着で、家庭料理とは違い、所詮遊びの料理なのよ」と、いたって手厳しい。たしかに食前酒よろしく、なんとなくママゴトのような不器用な人も少なからず。会員にはプロの料理人もいますが、ここではあまり手出ししません。そして調理好きな男性は、有名レストランに通いつめてはシェフから情報を探り出して、素人ながらも腕を上げていきます。

ときには有名スポーツ選手などが招待され、壁には記念サインが飾られたりしています。また、ソシエダ同士の競技大会も生まれ「鱈料理コンクール」に始まり、「トルティージャ（スペイン風オムレツ）コンクール」、「合唱コンクール」、そして「レガッタ（ボート競争）」もあります。

1月の「太鼓祭り」にはコック服で参加し、先頭に各ソシエダのエンブレムの旗を持ち、太鼓を叩く人と一緒にフライパンや木製の大きなナイフやフォークを持って参加します。その前にはソシエダで食事をするので、ほぼ赤ら顔が列をなしていて、いかにもソシエダ中心のお祭りといった感じです。

会員資格は厳格に守られ、会員当人が亡くなったとき、権利は子に移ります。しかしその子が望まなければ、入りたい人が会員2人の推薦で総会にかけられ、反対のない限り会員になれます。有名なソシエダでは多くの人が入会の希望待ちをしています。ゴルフの会員権の多くは金銭売買されますが、ソシエダの場合、受け継ぐときには入会金は要りません。お金だけでは買えないからこそ、会員としての名誉と誇り、つまりステータスが保てます。

バスクにはバルはあっても日本のようなスナックやバーはありません。食事のあと2次会で行く適当な場所がなく、多くのバスク人男性にとっては、気の合う仲間が集まる息抜きの場所を必要としてきたのでしょう。もうひとつの説は、平坦な土地が少なく、住宅価格の高いこの街特有の事情として、手狭な集合住宅には男の居場所がなく、男同士が好きな場所を確保するためにつくられたとも言われます。

ヨーロッパの多くの街では、男性の社交場は大体似たような環境なのですが、ほかではソシエダのような組織は見られません。バスクにソシエダができたのは、やはりバスク民族独自の歴史が背景にあると思います。

スペインでは「男の子が3人いれば、医者と料理人と銀行員にする」という格言があるように、昔から料理人、もしくは料理ができることに一目置いてきました。有名シェフともなれば、人気サッカー選手に匹敵する憧れの的なのです。

海辺の街の共通項と課題

僕がいつも泊まるサンセバスチャンの小さなホテルからは、スペイン語で「貝殻」を意味する美しいコンチャ海岸を見渡せます。

ビーチリゾートでよく見かける光景ですが、ここでも毎朝、暗いうちに大きなトラックが入り、4、5人で海草やプラスチックなどのゴミを集めきれいに掃除しています。また金属探知機を使い異物も探します。昼間、大勢の観光客や市民が集まり勝手に散らかしていきますが、それを毎朝1年中掃除しています。

そして、この海岸に面した広場には、地下4層の駐車場があります。僕はこれを造っているとき何度か訪れていました。約3年もの間、人がもっとも集まる場所を塀で囲い工事をつづけていて、やはりスペインってのんきな国だと半ば呆れて見ていました。ところが完成すると、かつては地上にあった電柱などのインフラを全部地下に収め、なんと地上は大理石と花壇の美しい広場へと大変身。

ルイスは言います。

「あと100年は工事する必要がない。地上に駐車場を造ると景観が悪くなる」

この町に住む日本人女性も驚いて話していました。

「この街の人は公共の物を造るとき、絶対に時間とお金をケチるなと言うのよ」

100年前のたばこ工場が国際文化施設になり、古い大きな映画館が芸術ホールに改装されて、街を惹き立てる新たなシンボルとなっています。

バルセロナのサグラダファミリアもですが、ともすればルーズに思われるスペイン人は、良いものを後世に遺すためには時間とお金を惜しみません。だからこそ街の魅力が増し、世界中から人がやって来るのでしょう。スペインの観光GDPはいつも世界トップクラスです。

雑誌の多くの特集記事には、サンセバスチャンが形作られてからまだ100年と少ししかたっていない。海に突き出た円弧状の小さな街は人口約18万なのに、美食で世界的名声を得たと共通して書かれています。

僕にはこの地が、どうしても函館とオーバーラップしてしまう。北緯は函館42度、サンセバスチャン43度、海に突き出た湾に囲まれ、古い建物が遺り、人口もさほど変わらぬ地方都市といった共通項からです。函館には温泉もあり、夜景が美しく、なんといっても食べものが美味しい。だからこそ、古き良き建物の利用や公共物の価値をもっと真剣に考えなくてはとつくづく思います。

もうひとつ、共通する名物はイカで、小イカの墨煮と塩辛は両方とも内臓を使った料理です。また、このごろ評価されてきた函館の鱈《たら》は、スペイン料理にとって一番大事な魚ですが、世界中のキリスト教徒にとっても重要な魚でした。キリスト教といえば、日本に初めて宣教したフランシスコ・ザビエル、彼の師とされるイエズス会の創設者イグナシオ・デ・ロヨラもバスク人です。その昔、キリスト教の世界では四旬節の約1カ月間は肉食が禁止されていました。その代わりとして卵や魚が求められましたが、現在のような養鶏場や流通はなく、干鱈や塩鱈がその役目をなしました。というのも、鱈は大量に取れ、身が大きく、その上脂肪が少なく保存に適していたからです。

そこでバスクの人たちは鱈を追い求め、遠くは新大陸のアメリカまで行って漁をしていました。今もスペインには塩鱈の専門店がいっぱいあり、よく食べられています。

他方、函館の鱈の良さは、漁場が港から近く、魚を傷めないよう一本釣りやはえ縄漁で獲るので市場に入ってきたときの鮮度が高い。夏にはまだ硬直していない「朝獲り」と称される鱈が並び、3枚におろすと肉が透明で、切ったあとからグッと身が縮むほどです。

先日、魚市場で函館の魚を日本中のレストランに送っている人と会ったら、「テレビ番組の依頼で東京に鱈を持って行き、あのアラン・デュカスさんに見せ、食べてもらったが『こんな素晴らしい鱈は見たことがない。本当に鱈なのか！』と絶句していた」

なんとも誇らしげに語っていました。アランさんはフランス出身で、世界各地のレストランを経営し、異なる国でミシュランの3つ星を獲得した世界初のシェフです。

鱈は第4回世界料理学会でもメインテーマに取り上げられ、日本中の料理人が「鱈といえば函館」という日が来るのは近い！

古い建物の利用法

2014年の春、毎朝僕が散歩する幕末から明治初期にかけて外国人居留地だった地域に、古い立派な建物があるとの情報を友人の清水憲朔さんから知らされました。

清水さんは「はこだて外国人居留地研究会」の会長で「古建築の会」を主宰していま す。僕は、毎日のようにその建物の前を通っていましたが、気づいていませんでした。というのは玄関フードや断熱材、合板等に覆われていたから古い建物には見えなかったのです。ところが中に入って見ると、ヒノキ造りの階段や、奥には土蔵もあり、鋳物でできている柱もある。建築された当時のままと思える貴重な内装が遺っており、触れるたびに思わずため息が漏れます。

1902（明治35）年7月、函館の最盛期に建てられた松橋商店という海産物問屋だったことがわかりました。そして当時、持ち主の海運会社では本社が東京に移って10年が経過し、取り壊して駐車場にする計画がありました。

――なんと、もったいない……。

なにかをするあてはないものの、なんとか遺したい一心で清水さんはじめ仲間と相談して、とりあえず借りる方向で話を進めました。

表面を覆っていた合板や入口の風雪避けのフードを外し、正面と手前1階部分を元の姿に戻す工事を行いました。蘇った建物を目にすることで、多くの人の関心を惹くのではないかと秘かに期待しました。この面倒な工事は、古い建築物を大事にする地元の富樫設計事務所の富樫雅行さんが担ってくれました。

しかし、問題はそこから。建物の維持、管理、かかる費用の返済、そして一番大事な活用をどうするか。世界料理学会のメンバーと建物に関わった人たち6人で相談し、初めは部屋ごとの賃貸という計画でしたが、消防法のクリアが難しく、議論を進めていくうちにパン屋の木村親方が「深谷さん、前から言っていたソシエダにぴったりじゃないかい?」と突然言い出したことから、ソシエダ案が急浮上しました。

家賃を払い借りるため、清水さん、世界料理学会仲間と設計担当の富樫さんにソシエダの仕組みを説明しました。歴史的建造物の多い函館西部地区にあることから保存維持の意義があり、本場ソシエダで好まれる「歴史ある建物」という条件とも合致。慎重に検討を重ねつつも、ついに始めることに決めました。

入会金は10万円、月会費1万円。建物維持の経費や親しみやすさを考えると、のちに賛否両論でしたが門戸を広げ、女性を対象にした「賛女会員」も募りました。

スペイン倶楽部の笠間昭三さん、クラブ・ガスバリのドン小西康範さん、バル街仲間の京極寛さん、バル街常連の田中眞一さんなど友人、知人に呼びかけ建物のお披露目をした結果、25人の正会員と10人の賛女会員が集まっての「臥牛《がぎゅう》牛快食倶楽部ソシエダ」の船出となりました。

心踊る大人の遊び場へ

名付けて「港の庵・IORI」。

修復工事が終わり、明治30年代の建物が蘇りました。内部はほとんど当時のままで、建物の表面を覆っていた表装を外し、できる限り元に戻しました。場所は旧仲浜町（現・大町）、あの函館出身のスーパーロックバンドGRAYが野外コンサートを行う「緑の島」の出入口正面にあります。

出合ったときはあまり興味がなかったのに、入口の柱とその上の彫り物が施された漆喰や、階段や土蔵を見て触れていくうちに、心の揺れは大きくなるばかり。

——旧市街地の景観に似合う古い建物がひとつ増える。そしてバル街にも参加できたら多くの人々にその価値を知ってもらえる。さまざまな活用が頭をよぎります。

ソシエダは年に1回の総会と、食事会を数回行い、あとは会員それぞれが企画して使うことにしました。バル街参加、ワイン会や友人とのパーティー、ジャズやクラシックの音楽ライブ、展示会、料理セミナー、花火大会観賞、お茶会などに使われていきます。

同時にこれだけは守って欲しい、先進地に倣ったルールがあります。

【女性が料理を作ったりサービスはしない。お互い〝先生〟〝社長〟とかの敬称は使わ

ない。飲んだ物は各自紙に名前と種類を明記し、精算額を箱に入れるが、おつりは出ない】

バスクのソシエダと同じにはならないけれど、函館に合った方法が少しずつ取り入れられていくはずです。バスクが育んできた心地よい場所を、ついに函館の旧市街地に日本で初めて設けることができました。

ある日、とある遊びを思いつきます。この歳になると、タンスの奥に着る機会を逸してしまった着る物を整理するときが来ます。体形が変わってしまった、流行遅れ、すり切れたとかでいっそのこと捨てようと思いますが、手に取って見ているうちに昔が蘇り、またしまい込む。そんな想い出がギュンと詰まった物に、もう一度スポットライトを当てるのが目的で、流行には周期があるとされるのでこんなタイトルに。

〝一周遅れのファッションショー〟

1902（明治35）年建築の、我ら男の溜り場には10人が名乗り出ました。せっかくだからとスタイリストまで来てもらい、本格メークをしてのお披露目とあいなりました。各自の身に着けた物に対する厚い想いをナレーターに読んでもらい、さらにプロの服飾家による解説付きといった手の込みよう。

楽屋となった2階で準備をし、名前を呼ばれたら階段を下り、途中で照明がピカッと当たったらポーズを決めます。

そこから先はもうヤジと爆笑の炸裂。どよめき収まらぬ観客30名ほどの方々へは、アルコールなしでは観るに耐えられないはずと、始まる前に食前酒とピンチョスを準備。

ところがフタを開けてみたら、お披露目された服も想い出も千差万別。就職直後に大枚をはたいて友人たちと作った特注ユニホームやら、子どもと遊んだアウトドア服等など。僕が予想していた昔の流行最先端の姿で現れたのは2人だけでした。

さぞかし解説者を困らせたのではとヒヤヒヤしましたが、終わったあとにソシエダ仲間から「これぞ、正しい大人の遊び方です」と評され、救われた思いです。

幻のフィルム上映会

1970年頃のこと、僕は一応東京理科大学を卒業したのですが、ちゃんと就職もしないまま生き方に迷うモラトリアム人間になってしまい、大学助手を務めながらカツカツの生活を余儀なくされていました。

そのころは食べて飲んで談論する「第二土曜会」という会をつくり、謄写版でミニコミ誌を出したりと、青春のうねる波の只中で漂う日々を過ごしていました。その仲間たちと「映画を作ろう」という話になり、お金を出し合い8ミリのカメラと映写機を買います。ところがカメラを実際に手にすると、記念撮影には使われますが物語を作ろうとする目的はどこへやら。誰もがしり込みして挑戦しません。

そこで思い切ってエイッ、ヤッと意気込んで僕が撮ることにしました。タイトルは『髪を切る』。当時伸ばしていた長い髪の毛を切ることが、自分にどのような影響を及ぼすのかを表現してみたかったのです。

高校時代、英語の時間にイギリスの作家ジョージ・オーウェルの『象を撃つ』という短編小説が教科書に載っていました。植民地だったインドに赴任したオーウェルが、暴れる象を現地のインド人に頼まれて射殺するのですが、周りのインド人から孤立してしまった自分の立場を知るという内容です。その小説から連想したタイトルで、5分間くらいの小品に仕上がり、完成後に上映したときの盛り上がりようといったら凄いのなんのって……。

あれから月日は容赦なく流れ、仲間はバラバラになり、フィルムもなくなったと思っていましたが、ある日突然、友人の物置から発見されました。

さあ、懐かしの上映会をやろうとなりましたが、もう8ミリ映写機がありません。ようやく見つけたかと思えば壊れていたりと、大騒動の末にやっと調達できたのを使い、函館の友人が集まっての上映会となりました。

僕はもう、まともには見ていられないと思い、初めにビールをグイッと飲み干してから上映に合わせて解説をし始めました。

スクリーンでは髪を長くした若い男が、走りながら自由奔放に振る舞っています。鏡に向かう男の髪はコマ送りで、バサリバサリと髪を失っていきます。切り終わった途端、自分が自分でなくなったことに気づきますが、もう時すでに遅し、といったコメディタッチの短編です。

20代半ばのロン毛の僕が叫び、主張していました。当時、友人にカメラを回してもらい、僕は被写体となって髪を切られる役。会場は普通の笑いを通り越して、むせび泣くような異様な雰囲気となり、僕は恥ずかしかったけれど最後は自分の青春に拍手しました。

腹の底から笑い泣き、終わってみると30人くらいで22本のワインと17本のビール瓶が空になっていました。

残念ながら作品らしきものはこの1本だけでしたが、その後も上映する機会があり、若いときの僕を知らないガスバリや函館の料理人仲間たちは、昔のロン毛男の青春から意外な一面を知らされることになったというわけです。

「港の庵・ＩＯＲＩ」は時の流れを慈しみ、大人が楽しめる場として、古い建物の持つ力を想像以上に発揮してくれる空間へと変貌を遂げたのです。

函館スペイン倶楽部

時代は前後しますが、ここで函館スペイン倶楽部のことに触れます。

日本におけるスペイン料理は、１９９２年にバルセロナ・オリンピックが開かれたことをきかっけにマスコミに取り上げられたこともあり、一時的に盛り上がりました。でもオリンピックが終わるとともにかすんでしまい、当時はイタリア料理が流行っていました。

そんな時代背景のなかでスペイン料理という看板を出していると、スペインに興味のある人やスペインに行った人、仕事などで中南米に関わりスペイン語を話せる人などが来店するようになりました。さらにフラメンコ教室の先生、スペイン音楽ファン、そしてジャック白井研究会の面々も集まってきました。

それらの人たちに声をかけ、２００１年に「函館スペイン倶楽部」を立ち上げました。発足の会は、青函連絡船記念館の摩周丸が接岸している近くにあった大きなビヤレストランで行われ、約150人が参加し、永倉麻貴さんが主宰するフラメンコ・ロルカの踊りやガスバリの料理で盛り上がりました。スペインの友好団体発足ということもあり、スペイン大使館から一等書記官のカルロス・ドミンゲス夫妻が東京から駆けつけてくれました。

他国との友好団体とはいっても非公式ですから、倶楽部の主旨は「門戸を広く」を第一としました。

【スペインやスペイン語圏各地の文化に関心や共感、興味を持っている人ならだれでも会員になれる。年会費3000円、会報の発行、年2回の例会、スペインや中南米の音楽や舞踊の発表会、スペイン語映画の上映会】

などを掲げ、具体的には「初夏のお祭り」と称して、7月にフラメンコほかスペイン舞踊、音楽、中南米の音楽パーティー。また12月に「初冬の夕べ」として、専門家や倶楽部会員によるスペイン、中南米の政治や歴史、美術の勉強会、ガルシーア・ロルカの詩の朗読会なども行われます。

倶楽部独自のスペインツアーが実現したのは2回で、いずれもサンセバスチャンでの滞在を日程に組み込みました。街に入るころになると、僕は待ちきれなくなって添乗員の方からマイクを渡してもらい、ゲルニカ、内戦、お祭り、ワイン、独自の文化や言語、そして美食世界一と、バスクについて溢れんばかりの想いをしゃべりまくりました。ゲルニカとは、スペイン市民戦争に介入したナチス・ドイツ空軍のコンドル軍団が、バスク地方にある村ゲルニカの無差別爆撃した出来事で、のちにパブロ・ピカソがそれを主題とした作品を遺したことでも知られます。

途中のワイナリーではブドウ畑の見えるテラスで、ピンチョスと辛口でアルコール度数の低い地元の白ワイン「チャコリ」を堪能し、街に着いてからはいよいよバル巡り。1軒目はエビの串焼きでビールや白ワインを、2軒目では高級生ハムに赤ワイン、3軒目は慣れてきたので各自カウンターのピンチョスを自分で手に取ってもらい、4軒目以降は自由行動です。

旧市街地のバルやレストランの案内だけでなく、ソシエダにも入らせてもらい、地元の人と同じように市場から食材を買って調理しました。日本ではめったに食べられない乳飲み子羊の骨付ロースや、見たことのない地場産野菜でシーサースというキノコ、カルドという茎を食べる野菜、それに最高級の生ハムなどに皆舌鼓を打ち鳴らしました。ツアーでサンセバスチャンを人一倍力説する自分にハッと気付き、やはり第二の故郷なのだと心底感じました。

函館スペイン倶楽部から始まった文化の享受は、ソシエダの創設へとつながり、共に雨風に打たれる時を経たからこそ、人生の豊かさを味わってこれたのだと心から感謝しています。

スペイン料理フォーラム

２００４年に「スペイン料理フォーラム in HAKODATE」を開いてからちょうど10年が過ぎたころ、その間にスペイン料理店、とくにスペインバルは都市部を中心に広まっていきました。

そのころから立ち食いスタイルが増え、居酒屋はもちろん、寿司、焼鳥、フレンチ、イタリアンなどにも及びました。「立ち食いそば」は昔からあるとしても、急激に「立ち食べ飲み文化」が流行っていきます。同時にエル・ブジに代表される現代スペイン料理も日本に上陸しました。ピンチョスという言葉や、ドングリを食べた豚肉で作った生ハムという言葉も日常的に耳にするようになります。マスコミはスペイン料理特集を組み、スペインワインや生ハムなどは右肩上がりで輸入されていきます。バル街も全国へ拡がり、多くの人がスペインの食文化に目を向けるきっかけとなりました。

そこで2回目の「スペイン料理フォーラム」開催の機運が高まり、２０１４年４月

「2014スペイン料理フォーラム in HAKODATE」を五島軒で行いました。

この年は前年と併せて、支倉常長《はせくらつねなが》が日本人として初めてスペインに上陸したのを記念した「日本スペイン交流400周年」にあたっていました。スペイン政府観光局から記念イベントを行いたいと相談を受け、バル街実行委員会、函館スペイン倶楽部、料理学会実行委員会とガスバリなどと相談を重ねました。そして4月17日からの1週間を「函館スペイン週間」と名付け、巡礼の道の写真パネル展、スペイン映画祭、第21回函館西部地区バル街、そしてスペイン料理フォーラムをこの会期に組み込みました。

飛躍的に増えた全国の本格スペイン料理店へ手紙で主旨を伝え、1回目と同じく岸朝子さんや東京ドームホテルの鎌田昭男さん、赤坂離宮の譚彦彬さんらと共に、現代スペイン料理と評される新鋭のシェフにも声をかけました。

印象的だったのは、スペインで修業はしたが「私の料理はスペインとは関係ない」と主張する人たちがいたことです。スペインの影響はあるかもしれないが、そこから昇華し、オリジナル料理として供しているから創作料理だというのです。スペインで修業したなら、なにかしらを得たはずで、まったく関係ないとはおかしいと批判する人など、これもまたフォーラムでの白熱した議論の突破口となりました。

開会セレモニーにはスペイン大使館からサンティアゴ・エレロ・アミーゴ文化参事官

が来られ、函館市の副市長とともに「サルー（Salud：健康を）！」と乾杯の発声を挙げられました。通訳で同行したダニエル・アギラル書記官は、スペイン映画祭のための作品選定にも奮闘されました。

フォーラムでの見本市には、スペインからの輸入業者が多く出展し、初めは「函館までの予算や時間はない」とか、「どれくらいの人が集まるのか？」と疑心暗鬼で渋っていた企業も多く、来ていただきホッとしつつも反応を大変心配しました。

結果は「また必ず来る！　次回はいつ？」と問い合わせが相次ぎました。フォーラムに参加した約300人の大半が各地でスペイン料理店を展開しており、一堂に会したことで効率よく商談ができたと評価されました。

恵みは海を越えて

時は幕末、アメリカが捕鯨船の供給地を求めて日本に開港を迫ります。鯨油の採取が目的でしたが、函館開港（1855年）後は次第に石油が鯨油に取って代わり、捕鯨は廃れてしまいます。

その捕鯨術のルーツとされるスペイン・バスク地方では、漁には漕ぎ手4、5人のレガッタと呼ばれるボートを使います。岬の高台に見張り台を設置し、鯨発見と同時にリーダー一人と銛手一人がレガッタに乗り、銛で仕留める方法で、その名残のレガッタ競技は毎年夏にクラブ対抗で行われています。

バスク地方のビスケー湾はセミクジラの回遊路だったらしく、この地方では鯨肉も食べられており、1261年の文献には、塩漬け鯨舌の売買に10パーセントの税金が課せられていたと記されています。日本人が尾の身を最上とするのを考えると、東西の味覚の違いも分かります。

バスク地方ではすでに鯨を食べる習慣はなく、調理法が分からなかったのですが、同地方の料理学校の先生と話したとき、有力な情報を得ました。そこで2009年、函館開港150周年の記念としてレストラン・バスクでは鯨料理を提供することにしました。「道南産玉フクラ（特産の大豆）と塩鯨のコシード仕立て」という名で、9月の函館西部地区バル街でも供して大好評でした。

コシードはひよこ豆と肉、生ハム、それにニンジン、ジャガイモを煮込んだ料理です。

さて、函館とサンセバスチャンは海に面した街です。海は直接世界へとつながっているせいか、共に外へ向かって開かれた歴史と風土があり、いろんな物や人がやって来てはその恩恵を受けてきました。ソシエダ（美食クラブ）の歴史も、紐解けば遠洋漁業における知恵の産物です。

函館に生まれ育った人は沖を行き交う貿易船を見ながら、まだ見ぬとも外国はより身近に感じてきたと思います。食事にしても五島軒に代表される洋食が昔からあり、個人的な趣味ですが僕の若いころは音楽も洋楽、とくにロックが好きでローリングストーンズのファンでした。

僕がお洒落な街を感じるのは夏。毎年8月のはじめの夕暮れ時、元町公園へ「はこだて国際民俗芸術祭」を見に行きます。回を重ねるごとに充実し、会場にはシェフたちのコラボによるスタンドも立ちます。メインステージを見るため階段席の上の方に行き、美味しい料理とワインを楽しみます。ステージのバックは函館港の夜景で、船の出入りを眺めながら異国の音楽を聴けるという、なんと贅沢なひとときでしょう。

イタリアのシチリア島には海や山を望むローマ時代の劇場跡があり、夏には野外オペラが行われ世界中から人が集まる人気の場所ですが、まさにそんな空間を彷彿させます。後ろを振り向くと公会堂がライトに照らされ、夏の西部地区は僕の心の奥底に眠る、遠く過ぎ去った青春の日々を揺さぶり起こしてくれます。

芸能関係では演歌の巨匠北島三郎に始まり、近年はスーパーバンドGLAYのファンも全国から観光でやって来ます。港に近い緑の島で野外コンサートが開かれるときには、会場に近い「港の庵・ＩＯＲＩ」にて歓迎の意を込め、ピンチョスと飲料、それにバル街への案内を用意。ついでに函館の新たな〝食〟と〝歴史〟にも触れていただこうと考えたソシエダの新たな試みです。また、先日はテレビ番組『EXILE TRIBE 男旅』の収録で EXILE の SHOKICHI さんと AOYAGI さんをＩＯＲＩに案内し、ソシエダの会員と一緒に料理を作って食べ飲みしたとき、その雰囲気が気に入ったらしく「歳を重ねることに不安がなくなり、楽になりました」と語ったのが印象的でした。このような場所がほかの街にもできるなら、高齢化社会を迎える地域に魅力的なコミュニティの役割を果たすのではないでしょうか。

函館は明治以降、本州と北海道を結ぶ交通の要衝として、また豊かな海産物に恵まれた港町として発展してきました。僕が生まれ育った深谷家も、北前船の日本海交易でゆかりの深い加賀（石川県）からやって来たことを振り返るたび、臆病なくせに、つねに湧いてくる好奇心や冒険心は、僕の血に脈々と受け継がれていることを感じます。

第8章　味覚の源泉

料理人としての源を探る

1947（昭和22）年、僕は深谷家の次男として函館に生まれ、4歳年上の兄と2歳下の妹の3人兄弟のなかで育ちました。生家は現在、1階がバルレストラン「ラ・コンチャ」として存在します。

祖父である仁三吉《にさきち》は明治の中頃、郷里の加賀大聖寺《だいじょうじ》（石川県）から来函。同郷の大店に丁稚奉公して、そこで出会った祖母センと結婚後、米屋を開きます。僕が物心ついた頃には5、6人の従業員がいて、祖父が店の奥にどっしりと構え采配をふるっていた記憶があります。

父、正《ただし》は長男で函館商業高校を卒業。祖父は店を継いで欲しかったのですが、勉強好きの父は小樽高等商業学校（「小樽商科大学」の前身）へ進学するつもりでいました。

ところが「米屋に学歴は必要ない」と進学に反対され、父は反発して跡を継がず、陸軍の職業軍人になりました。戦争時は中国へ赴きましたが無事復員、戦後は市内の魚油の製造工場で管理職に就きます。魚油はイカのゴロ（内臓）を煮て浮いた油で作られ、石鹸の原料となりました。後に兄弟会社の商事会社（問屋）に転職し、70歳まで社長をしていました。軍人として日本の勝利を信じて戦ってきたはずの父でしたが、敗戦を機に大量生産、大量消費の米国文化に傾倒し、「アメリカが勝った理由は、その食生活にもある」が持論で、わが家ではコーンフレーク、オートミール、グラタン、クリームコロッケなどが食卓を賑わせるようになります。

近所の老舗洋食店「五島軒」のご家族とも交流があり、母が風邪をひいて台所に立てないときは、僕らの空腹を気遣いハヤシライスやポタージュが家に届くことがありました。僕は社長の息子と同じ幼稚園に通っていて、朝迎えに行くたびに厨房からいい香りが漂っていたのを憶えています。

当時としては比較的裕福な環境でしたが、母ヒロ子は徹底した倹約家でした。食べ物は粗末にせず、少々古くなっても調理して使い切ります。ホウレンソウはしなびてくるけど、ぬるま湯に浸けるとピンとし、ジャガイモは越冬すると甘みが増します。冷蔵庫のない時代から、冬が近づくとキャベツやハクサイなどの野菜を新聞紙に包んで床下で保存し、冬の間中大切に食べました。

食後、台所に立つ母のそばに行くと、羽釜にこびり付いた米粒を水に浸けて落とし、それを指ですくって僕の口に運んでくれたものです。どんなごちそうより、あのふやけた甘い米粒と、そのときに見せた母の微笑みが忘れられません。

僕がレストランを始めたころ、同業者からは「米屋の息子だからカネがあるだろう」

と嫌味を言われました。祖母は僕が小学2年生のときに、中学のときには祖父が亡くなり、そのときには親族全員の前で母が金庫を開けて見せ、若干の現金と大量の不良債権が出てきて「取り立てができるものなら好きなだけ持っていって」と、皆に説明したそうです。よって遺産をめぐる争いもなく、のちに「深谷と名乗って、人に恨まれることはない」と母には言われました。

兄は北海道大学を出てから国家公務員になり、そのあと札幌の大学の教員になりました。函館の家は古いもの好きな僕が受け継ぐことになりました。管理栄養士の妹はすぐ近くに住んでいて、皆とても仲のよい兄弟です。母は内輪もめが大嫌いでしたので、財産については生前から折に触れ子どもたちにしっかりと伝えていました。

それと、母は大変な料理好きだったのです。よくホッケなどをすり身にしてカマボコを作ってくれ、大根おろしを用意して待っていると熱々の揚げかまぼこがきて、できたそばからハフハフしながら美味しくいただきます。

母は函館近郊で生まれ育ち、飛び級で入った北海道庁立函館高等女学校を卒業して和裁の先生をしました。同級生にはのちの首相夫人などがいて、環境次第では相当な仕事や地位に就けた人だと親戚の方から聞いたことがあります。父と結婚してからは義理の両親との同居生活ですから、夫と義父の価値観の相違からくる軋轢のなかに身を置いてストレスが溜まっていたのでしょう。当時は病弱で、僕が学校から帰るとよく寝込んでいる姿を見たものです。

一方では社交的にふるまい、積極的に学校の役員などを引き受けていたのは、家の中の重苦しい空気から少しでも離れていたかったからだと思います。

大晦日の夜、年越しと称して1年中で1番のごちそうを家で食べる習慣のある函館では「火鍋子《ほうこうず》」という中華料理をよく食べたものです。茹でたホウレンソウを、同じく茹でたハクサイで巻いて断面をきれいに皿に並べ、揚げおいた肉団子、戻した干しナマコ、貝類やエビも入れます。スープは鶏ガラなどで手間をかけてとり、幼心にも特別の期待感がありました。

母ヒロ子は2017年、97歳で他界しました。亡くなるまでずっと記憶が鮮明で、この原稿の執筆にあたっては大変助かりました。

僕にとっての味覚の源は、母に注がれた豊かな愛情にほかなりません。

母から受け継がれた血

母の実家は田舎だったけれど、食卓がとても充足していました。食用油の高価な時代に惜しみなく天ぷら料理をするような家だったそうです。それは教育にも通じていて、早くから両親の下を離され、戦前にもかかわらず子どもたち全員が高等教育まで仕込まれています。

嫁いだ深谷家のほうはと言えば、当時の米屋だからお金があるはずですが、食べることにはお金をかけない家でした。母が張り切って料理を作ったら、祖母に「あんたにかまどを任せたら潰れてしまう」と言われショックを受けたと言います。

店では炭をおこした七輪に大きなやかんをかけ、茶葉を煮出してしてお客さんに飲ませていました。煮出すくらいだから安価なお茶で、母はどうしようもなくまずいと思っているのだけど、祖父は意地でも曲げません。そこへもって夫と義父のぎくしゃくした関係が空気を重くします。

そんな雰囲気を察した僕は、食事のとき祖父にそのやかんのお茶をもらおうと「飲みたいんだけど、いいかい?」とねだります。幼心にも祖父を喜ばすことを心得ていて、どうすれば場の調和がはかれるか、空気を察していました。愉快ではない気まずさが〝空気を読む〟という気遣いを育みました。

子どもらしくない冷めた視点かもしれませんが、心の成長は必ずしも明るい環境下にもたらされるのではなく、むしろ価値観の大きく違う世代との同居のなかで培われたのかもしれません。

一方、僕の幼いころは母がよくパンを焼いてくれて、それが評判になり近所の人たちもそのパンを楽しみにしていました。伝統である〝和〟の食卓に、新たな〝洋〟がもたらされることを誰より僕が楽しみにしていました。シュークリームやケーキも登場し、和菓子も洋菓子も作っていましたから、どう考えても僕はその影響を強く受けており、料理人の血は間違いなく母譲りのものです。

学生時代に出合った市民運動

高校は北島三郎の出身校でもある函館西高校に入り、得意科目であったことから数学研究部に所属しました。卒業後の進路を北海道大学工学部の学生だった兄に相談したら、自動車や造船の技術者を目指すのがいいのではと思い、北大を受験しましたが不合格でした。そこで滑り止めだった東京理科大学機械工学科に進学します。

校舎は千葉県野田市にあり、１９６６年当時、日本中の若者が国の行く末に不安を抱いていました。戦後の急激な高度経済成長政策のひずみが出てきた時代にあたり、１９７０年の安保改定、アメリカのベトナム戦争への介入、光化学スモッグや水俣病などの深刻な公害、成田空港建設の三里塚反対闘争など、多くの社会問題が噴出していました。それらをめぐって大学紛争が起こり、真面目に勉強していた理系の学生にとっても対座せざるを得ない状況になっていきます。

クラスでは車の運転免許返上を訴えて、皆にバカにされました。二酸化炭素のことは当時から憂いていましたが、46歳まで我慢していた自動車免許は、死ぬとき「車を運転したかった」と思わないために取得しました。兄貴には笑われましたが……。

大学が封鎖された情況下で、僕は全学共闘会議（全共闘）とは距離を置きながらも、なにかをしなければと思っていました。そこで取り組むなら活動に納得できて、将来社会人になってもつづけるべきだとの考えに至りました。

ある日、東京都内で開かれた無党派の反戦団体「ベ平連（ベトナムに平和を！　市民連合）」の集会とデモを見に行きました。ヘルメットやゲバ棒に象徴される暴力的な学生運動とは違って非暴力を掲げています。そのとき、ベ平連のあとに「声なき声」というどちらかというと年配の一般人が多いグループがつづいており、ここなら長く付き合えるなと思い参加しました。「声なき声」というのは、１９６０年、安保問題をめぐり大勢の人々がデモに参加して国会を取り囲んだとき、当時の岸信介首相が後楽園球場で４万人近くの人がプロ野球を見ていることを指して、「声なき声の人は私を支持している」と言ったのに対し、一般市民の中から「声なき声は私たちだ」と主張してできたグループです。労働組合やセクト（左翼団体）組織に入っていなくてもデモに参加した人たちで、僕は彼らと都内で行われたベトナム戦争反対デモに加わりました。さらには水俣病を引き起こしたチッソの1株主になり、本社前で「水俣病の責任をとれ！」と声を張り上げたりもしました。

罪なき人が病いや死に追いやられる理不尽さに目を瞑《つむ》れず、社会人になっても兵器利用と環境汚染に与する企業の歯車にだけは絶対になるまいと決め、次第に僕の行動の礎となっていきます。

大学卒業を控え、友人たちは次々と大手機械メーカーに就職を決めていきました。僕はといえば、「なんのために働くのか、それは食べるため」との自問自答に納得できません。理想を求め、より良き社会のために働きたいのだけれど、その道筋を見いだせないまま、とりあえず恩師の薦めで大学教員の助手をして悶々とした日々を送ることになります。

そんなある日、友人から誘われ、成田空港に反対する三里塚闘争（千葉県成田市）の地域に「援農」に行きました。それは三里塚農民の空港反対、農地死守を掲げた闘いがどんなものかを知るためでした。その後〝空港建設に向けた第一次代執行〟という新聞記事にも刺激され、野次馬気分も手伝って様子を見に行ったら、「野戦病院に人が足りないので、もし時間があれば手伝ってくれ」、そう頼まれました。

野戦病院の詳細は省きますが、大きなテントに多い時には100人くらいの人が寝泊まりしており、朝晩の食事を作るおばさんがひとりいて、その人を手伝うことになりました。大きな釜で米を炊き、軍手に塩水をつけて何百個もの握り飯を作ります。調理器具は揃っておらず、手の込んだものは作れませんでしたが、平和な日本の片隅で、こんなこともあるのかと思いました。

反対運動の先鋒である学生やセクトの人たちが、昼飯にインスタントラーメンをすすり、「これで機動隊と闘う」と息巻くのを見て、精神論だけに頼った戦時中の日本軍の悲惨さを連想し嫌な気分も味わいました。

助手として働く時間をやりくりして通ったある日、地元の農家の人によって特別な豚汁が振る舞われました。飼っていた豚を丸1頭使い、ドラム缶で煮込むという豪快なものです。たぶん密殺でしょうから骨も内臓も全部利用して一切無駄にしません。粗削りだけどパンチの効いた深みのある味わいは大変美味しく、そのとき初めて、人間が食べるために命を奪った動物への感謝の念を抱きました。

ときは高度経済成長期の真っ只中、大量生産、大量消費の波が押し寄せていましたが、僕は上辺だけの華やかさとは別の、虐げられた世界に触れ、母譲りのモノを粗末にする風潮への批判精神が養われていったのです。

地球というじつに薄い空気の皮膜に覆われ、奇跡的ともいえる空間に生かされている僕たちにできること、やらねばならないことは山ほどあります。理想論はさておき、今でも僕が旅をするときには洗面用具とパジャマは必ず携行し、宿泊先の備品は使いません。エネルギーの無駄遣いを意識するのはコストカットだけにとどまらず、心の荒みを避けたいと思うからです。

深谷家の人生哲学とは

深谷家には、明治中頃に石川県から函館に来て、苦労して丁稚奉公から一代で米穀商を興した「質素倹約」が基にあります。

学生時代、外へ出るときには500円を持ってすべて済ませます。基本的に500円以上は使っちゃダメの1カ月1万5000円生活。500円を持って残ったお金を貯めて、好きな写真のフィルムを買ったりしてました。

兄がこう言いました。「会社勤めをすれば、いつか意見の違いから上司とぶつかるかもしれない。そのときに1年間食べていけるお金があれば、いつでも啖呵を切れる」と。

そんなときの備えに、お金を貯めるというのが第一目標で、これは深谷家男子の共通した経済観念で、何度も語り合ってきており僕の根底に染み込みました。お金がなければ嫌な仕事も辞められない。ましてなにかを思い立っても始められないと。

それに人間は、得てしまった快適な生活を落とすとなると、ものすごく辛いものです。僕の両親は「自分の生活レベルを上げるな」「やりたいことがあったらなおさら上げるな」と、口酸っぱく言ってました。

母は亡くなる直前まで「あんたは何様だと思ってんの、ただのレストランの経営者。そんなもんよ、勘違いしないでね」と、いつも僕を戒《いまし》めていました。

また、父は祖父の下で米屋を継がず、職業軍人として一所懸命努力すれば下士官になれる道を選びました。あまり言いたがらなかったのですが、僕が若いころ、戦争時、中国でなにをしてきたのかを、しつこく問い質したことがありました。そうしたら、戦争というのはお前が考えているものとは違うんだよと、静かに諭されました。

父は中国のとある村へ駐屯地の責任者として、約100人の兵隊を率いて管理を任されていました。当初は町長をはじめ、現地の人は自分たち日本兵を歓待してくれていると思ったそうですが、違っていました。普段、現地の人は「深谷さん、深谷さん」と言って親しげに笑顔を向けてくるけれど、心の中ではものすごく反発をしていて、日本兵の動きや情報をうかがっていました。

それで、現地での宴席に招待されるときには、必ず一升瓶（日本酒）を持っていったそうです。料理が出てくると「食べてください、食べてください」と、愛想良く勧められますが、ほんの少しだけつまんでほとんど残さなければならない。なぜかというと、残ったものをあてにしている現地の人が大勢いたのです。中国で歓ばれる日本酒を手土産に、ちょっとずつ食べて「美味しいです」とお世辞を言い、中国のお酒を飲みます。コーリャンを原料とした白酒は、アルコール度数が50度以上もあるような強い蒸留酒です。しきたりから「乾杯、乾杯」を繰り返しますが、だらしなさを見られるから絶対酔ってはいけない。お互い酒に酔い痴れるのは、最低のことだとわかっているから父は絶対、酔っぱらわなかったと。だから兵舎へ戻るやいなやドダーッと倒れ込んだそうです。

日本の建国記念日とか、行事のあるときにはとくに狙われる恐れがあり、兵の半分は酒を飲まないで警備にあたります。残りの50人くらいで飲み会をやるとしても、それらの情報は全部中国側に通じていて、必ずといっていいほど夜襲があったと聞きました。

同僚とかは中国人に対していろんなことをしたけれど、自分は絶対にしなかったと、父はそれだけは信じてくれとはっきり言いました。

同時に、僕に語ったのは馬を殺すのは簡単だということでした。

「餌の燕麦に塩を入れると、馬は美味しいから目一杯食べる。しょっぱいから水を出すとどんどん飲む。結局、水を飲みすぎて死ぬ。だけど人間というのはそうじゃない、理性がある。だから飲食はセーブすることが肝心なんだ」

それから忘れられないのは高校時代、普段はうるさくない父になぜ勉強しないのかと問われたときのことです。

「これまでの歴史の流れからすれば、僕が大学へ行くときにはまた世界大戦が始まるから、どうせ死ぬんだったらむなしいだけだよ」

と、生意気な僕。

「戦争しなかったらどうする？　ずっとお前は生き延びていかねばならない。だから今のうちに幅広く、好き嫌いなく勉強しておいたほうがいい。選択肢が広がるだけでなく、豊富な知識は必ず人生を豊かにするから」

今あらためて思うと、勉学をつづけたくても進学を断念させられたことから、父はコンプレックスを抱きつづけ、ゆえに子へと託したかったのでしょう。

将来への迷いと兆し

卒業後は大学で助手となり、薄給ながらも読書に耽《ふけ》り、まだ技術者としての生き方を模索していたころでした。

幼なじみで東京に転居していた友人の家に行くと大変居心地がよく、ほかの友人も何人か連れて出入りしているうちにコミュニティみたいな雰囲気ができあがってきました。それを「第二土曜会」と名付け、定期的な会合をその一軒家で催し、ついに「ごった煮」というガリ版刷りのミニコミ誌まで発行します。

僕が全体を指揮し、毎月第二土曜の昼ごろから、多いときには40人くらい入れ代わり立ち代わり集まり、夕方から翌朝まで飲み食いしながら議論する場になっていきました。戦前に建てられた大きな家で、仕切の襖《ふすま》を取り払い2間ぶっ通して会場とし、文学全集を積み重ねた足に板を置いてテーブルにします。

盥《たらい》に氷を入れてビールを冷やしますが、高価なのでひとりにつき大瓶1本だけ。あとはサントリー・ホワイト（ウイスキー）や焼酎で延々と朝方まで政治や経済、学生運動その他の話で盛り上がり、青春を謳歌していました。この会の活動は『思想の科学』という雑誌に取り上げられたこともあります。

調理は僕が担当することになり、メニューは筑前煮とか野菜炒めとかでしたが、皆に「美味しい、美味しい」と褒《ほ》められるので、つい調子に乗り料理本を買って少しずつレパートリーを増やしていきました。

大きな鍋で煮物を作るときには、最初火の強いガスにかけ、沸騰してきたら夏でも納戸から引っ張り出してきた、アラジンのポータブル石油ストーブの上にかけてゆっくり煮込みます。ポテトサラダなどは前もって仕込み、比較的短時間でできる炒め物は開宴に合わせ、調理のできない人にはレタスやトマトを洗ってもらい、サラダ作りを指示したりして、まるで料理人のように仕切っていました。家庭の台所でしたが、限られた条件でおいしく作ろうと工夫を重ね、多いときには40人分をこなしていました。

このころ、のちに僕がプロの料理人を目指す動機へとつながるきっかけがありました。大学時代の担任だった加藤政雄先生という方が大変なグルメで、東京の専門料理店に僕をよく連れ出してくれました。

普段学生が行けないようなレストランで、料理講釈を聞くことが楽しみでした。たとえば中華料理を食べに行ったときには、アヒルの卵を加工したピータンを食べながら、「戦争で行った中国のお寺では地下に白菜が積み重ねられ、毎日お坊さんが上下をひっくり返しながら保存していた。日を重ねる度に甘みが増してうまい白菜になった」

洋食のときには、

「フランスのマルセイユという地では、ブイヤベースという名の郷土料理が世界的に有名で、じつにうまい魚貝料理がある。そんな料理を現地に行って食べたいものだ……」「フランスでは、甘いお酒を巧みに使ってソースを作っている」

美食家でもあり、講演会などでお金が入ると築地に食材や台所用品を買いに行き、自分の家に学生を招いて食事を振る舞っておられました。何度かご自宅へ伺った際、娘さんの料理に僕なりに感想を述べると、

「お前はうまい物がわかるんだな」

そう褒められ、それならと珍しかったロシア料理店にも連れて行っていただきました。そんなときには、あとで厨房から料理長らしき人が挨拶をしにテーブルに来たりするのでワクワクしました。

のちに僕がヨーロッパから帰り東京での再修業を終え、函館に帰る前日のことでした。入院されている先生をお見舞いに行ったときには、もう振り向くことさえできずベッドに横たわったまま、

「深谷、うまいものを作れよ」

それが、学生時代の恩師からの最後のお言葉でした。

セールスマンに見たもの

大学の助手をつづけながらも、確固たる生き方を掴もうと焦りはじめます。たまに卒業した友人と会うと、彼らは張り切って仕事をしており、社会人同士ならではの共通した会話がはずみ、もらった給料で好きな物を食べたり飲んだりしています。僕はといえば、メニューの中で自分の懐に合った安いものを食べ、飲み物は割り勘なので必死に飲むといった憐れな状況です。ひとりアパートに戻ると、置いてけぼりを食った惨めさでやるせなくなります。そんな自分を打ち消そうと、より一層本を読んでは行く先々で不毛の議論を繰り返していました。

そんなあるとき、機械科の助手に、

「君は、社会の大変さをなんにも知らないで、好きなことばかりしながら理想論を話している。もう少し地に足のついたことを考えなくては」

「じゃ、いったい、なにをしたらいいと言うんですか？」

「君、仕事で一番辛く大変なのは、人間を相手に物を売るセールスマンだよ」

「わかりました。そうします」

売り言葉に買い言葉。どうしてよいかわからない閉塞感と、そこまで言われるならやってやろうじゃないかとの意地もありました。

――このままでは、まったく先が見えない。

思い切って飯田橋の職業安定所を訪ね、履歴書を出してセールスマンの求人紹介を求めると、係の人は君には不向きだと真っ向から取り合ってくれません。それでも食い下がる僕に、勧めてくれたのが子どもの教育資材を訪問販売する会社でした。

行ってみると海千山千の人ばかり。昔はベッドを売っていた、金物を扱っていたなど歴戦の戦果を聞くほどに怪しいのですが、話としては大変面白い人が集まっていました。出勤し、朝礼後は売り上げ目標を唱和し「今日も一日、頑張るぞー！」と勇んで玄関を出ます。ところが、あとは喫茶店に集合してモーニングと称するトーストとコーヒーをとり、新聞や雑誌を読んだりして昼までダベります。

初めは時間の無駄だと焦り、イライラしましたが見習いの身分では仕方がありません。先輩に付いて行き、玄関を開けて中に入りセールストークを聞いてみて、なるほどこんな程度のものかと思いつつ、いざ自分で営業活動をすると言葉がうまく出てこない。

元来、人前で話すと緊張のあまり顔が見る見る紅潮し、とくに女性を前にしてはダメで、ドモリ癖もあり、やはりセールスマンなんて不向きなのだと何度も後悔しました。ほどなく悩み落ち込んで会社の人に相談すると、伝説のセールスマンで有名な人にもそんな人がおり、努力によってそれが逆にいい結果にもつながると、本当か嘘か分からないけれど説得されました。

そのうち、なぜか上手くもないトークにもかかわらず、買ってくれる人が出てきました。でも会社では相変わらずの集団行動を強いられ、お互い嫌な仕事につくのは午後になってからというのが暗黙のルールでした。

3カ月が過ぎたころ、僕は固定給をやめ、給料は売り上げの20％という歩合給だけにして、ついでに出社時間、勤務時間を自由にさせてもらえないかと会社に頼みました。当時の固定給は3万円くらいで、売った商品の5％を歩合としてもらい、月給3〜4万円といったところでした（1970年時の平均月給約5万8000円）。

「無理だよ、歩合にしたら食べていけないよ、会社の団結を壊すのか」

先輩からは猛反対されましたが、彼らと一線を画そうと自らに負荷をかけ、強引に決めました。土日は休みとし、平日の昼飯以外は1軒1軒訪問することを課しました。

「このカセットテープを聞きながら絵本を読むと、頭の良い子になりますよ」

靴底をすり減らして営業し、大抵はドブネズミのようにぞんざいに扱われますが、なぜか買ってくれる家もあります。誰がこんな物を買うのかと思うような代物で、おまけにしゃべり下手で、どもり気味の僕からでも買う人がいました。

当時、総評の事務局に勤めていた女性にセールスしたときでした。じつは訪問しながら、ついでに三里塚のデモや集会のチラシを配っていたのですが、その女性と政治談議になり、最後に相手は「買う」、僕は「いや買う必要のない商品です、あなたみたいな人には売りません」というヘンテコなひと幕になったこともありました。

契約を2つ以上取れた日は、帰りの電車に乗る前に駅の近くの喫茶店でミニピザとコーヒーを飲むというご褒美を付けました。ある日、仕事を終えて電車に乗ると、本当に偶然中の偶然なのですが同じ車両に、母と伯母伯父が乗っていました。伯母は僕の姿を見てかわいそうになったのでしょう。函館に帰ってから父に「何とかしてあげて」と懇願したそうですが、父は「好きにやっているのだから勝手にやらせておけ」と言ったそうです。

独立契約をして2カ月目、ついに会社の中でトップの売り上げを記録、120万円売り、24万円を手にします。つい5カ月前、助手だった給料の10倍になり、部屋に食パンを入れるプラスチックの箱の下に、お金を隠していたら箱が浮いていました。

地図のない旅

ナンバーワンになった翌月、いつも通り電車に乗ってスタートしようと、中央線の三鷹駅のホームに立ち、見上げると夏の真っ青な空が広がっていました。

——毎日こんなことばかりしていていいのか？

途端にバカバカしくなり、すぐに会社に引き返して退職を申し出ました。慰留され、とりあえずは休暇扱いとなり、アパートに帰って簡単な身の周りの物をサブザックにつめて上野へ行き、日本海を目指して汽車に飛び乗りました。

なぜか夏の日本海と夕陽が見たくてたまりません。セールスマンはお金のためと割り切ったつもりでしたが、どこか魂までがウス汚れたような気がしていました。

翌日、新潟県の中条という駅に着き、駅前でスニーカーを買って履き換え、人に訊きながら海を目指します。予定も地図もなく、1日目は20キロくらい歩くともう足は豆だらけ。ビールの小瓶は田舎町では売れないので、キンキンに冷えていることを知りました。なぜか身体半分だけ陽に焼け、途中、三度笠を買って陽除けにし、新潟県と秋田県の間に山形県があったのだと驚く自分に驚いて。なかなか宿を見つけられなくて、道端でおじいさんに訊いて、高そうだと言われて行ってみたらラブホテルということもありました。

最終目的地の秋田駅に着くころには、1日50キロほど歩いても平気です。このときの経験から今も時間があれば日本中どこでも歩きます。歩き終え、風呂で汗を流した後の、その土地の料理とビールは格別で〝歩く旅〟はやみつきになった趣味のひとつです。

その足で函館の実家へ戻りましたが、いつもは口うるさい父が、1カ月もゴロゴロしている僕になにも言ってきません。伯母の話も聞いていたこともあり、トップセールスマンを経験してきたことに、少しだけ評価していたのだと母から聞かされたのはずうっと後のことです。

1972年の夏、セールスマンを辞めたあとは結局仕事に就かず、東京に戻って助手時代のように、またまたどうしたらよいかと悩む日々です。そんなとき、「声なき声」の発起人のひとりだった立教大学の高畠通敏先生からアルバイトの誘いがあり、大学勤務という名目だけですが、翌年の春まではなんとかもちこたえました。

そのころ、立教大学の裏の食堂で食べたランチが忘れられません。銀色の楕円形の皿に、コールスローとスパゲティ、魚の白身のフライにハンバーグ、それにスープとご飯。なにせ熱々ときたからには美味しくて、美味しくて。その前の東京理科大でのランチはでき上がって積まれてあり、ぬるいハンバーグやのびたスパゲティばかりでしたから。

1973年の4月、親から上京するのでホテルに会いに来るよう命令が下りました。とうとう来たかと覚悟を決めました。

「もういいかげんにしろ。オマエの周りの人はちゃんと仕事に就いて、石黒君はもう結婚もしている。いったいなにを考えてるんだ！」

父が怒るのはごもっともです。

「なんでもいいから、自分のやりたい、一生つづけられる仕事をして。大学を出たからとか、機械科を出たからこうしなさいなんて、もう言わないから」

母からはそう諭され、そのときです、僕の口から咄嗟に出たのは。

「料理人になる」

美味しいものを作れば人に喜ばれ、戦争やケンカのタネにならない職業です。それに食べることが好きだからという至極単純な発想もありました。

父はムッとしていましたが、母はこう付け加えて釘を刺しました。

「料理人でもいい。でもホンモノの料理を作る人になって、妥協せずに。これだけ無駄な時間を過ごしてきたのだから」

料理におけるアルゴリズム

――あらためて思い返してみると、なんとも頼りない決意でした。

しかし、いまだに忘れられない母の一言と、ルイスから託された「もどき」ではない「本物」という託されたものが、長い道のりを支えくれました。

僕のスペイン料理の本（『スペイン料理―料理 料理場 料理人―』1999年／柴田書店）が出版されたあと、サインを頼まれるときには「料理は科学」と記してきました。

なにか物事を行うときのやり方を工夫して、よりよい法則、方法を見つけようとするのは理系の気質で、一種のアルゴリズム（算法）なのです。

僕は学生時代、人間を知ることなく社会に役立つ、あるいは人に優しい物を作れるのかとの疑問から卒論に人間工学を専攻しました。省みると稚拙で赤面しますが、自転車のペダルのアームの長さを変え、発電機を回し、何人かの足の長さと発電量を測りその関係性を探るというものでした。ドイツ語の文献や関連した過去のデータを調べ、自分でアームの溶接まで行い、それなりに真剣に取り組みました。

ただ卒業後に進路を迷ったのは、兵器開発や環境汚染に与する選択は絶対しないという強い意志があったからです。料理人になってからは、遠方から材料を取り寄せたりせずになるべく地元産を使い、冬場には越冬野菜を活用し、使い尽くして廃棄物をできるだけ少なくする知識や技術を採り入れることが習慣となっています。

現在、海洋に漂うプラスチックごみ問題が深刻化しています。死んで海岸に打ち上げられたクジラの赤ちゃんの胃にあったものを見た日にはショックでした。やがては食物連鎖を通して人間の口に入ることを思えば、生物に悪影響を及ぼすものはたとえどんなに利便性に優れていても僕はできれば使いたくない。これは学生時代から絶え間なく引きずってきていることです。

現場にはつねに数値が存在します。家族が食べる程度の分量の調理でしたら、経験則からの目分量でもあまり狂いはしません。しかしレストランでは、サービスからメニューに至るまでクオリティーと安定感が求められます。日によってバラツキがあるようでは経営も不安定になります。とくにパンやデザート作りにおいては、厳密な計算に裏付けられおり、外部要因である天候なども加味し、素材も時によってコンディションが違います。状態を見極めて対処すべく基本プラス応用力が求められ、時間的制約のもとで目的のひと品に仕上げ、なおかつ数量をこなさなくてはなりません。

フランスでは「焼く」「蒸す」「煮る」に次ぐ第4の調理法として、ポリエチレン袋に食材を入れ、中の空気を抜いて調理する真空調理が生まれました。

さらに「ヌエバ・コッシナ・バスカ（新バスク料理宣言）」以来、スペイン発の科学技術を駆使した技術が、料理界に飛躍的な革命をもたらしました。たとえば凝固剤を使い素材を自由に変形させたり、安定剤、ゲル化剤、増粘剤を利用して新たな食感を生み出したり。また「エスプーマ」というキッチンツールは素材を泡状に変えてくれます。なんでも瞬時に凍らせる液体窒素の利用もスペイン発でした。サンセバスチャンの著名レストランではラボと呼ばれる料理研究室が併設され、専任スタッフがひたすら科学的に料理を研究し化学実験のようにメニュー開発に勤しんでいます。

一方、ルイス・イリサールはこのような現状を危惧しています。2013年に訪れたとき、サンセバスチャンにできたスペイン初の公立4年制料理大学「バスク・クリナリーセンター」を案内されました。山の中腹にある4階建ての校舎は、全体がガラスでおおわれ真ん中が吹き抜けになっています。野菜や肉など材料別に分かれている冷蔵室は入口と出口が別になっていて、肉に対しては解体する部屋、調理する部屋、パテやハムなどの加工品を作る部屋に分かれています。材料を試食する部屋には机ごとに口をすすげるよう洗面器が付いており、最新の調理器具はもちろん化学の実験室もあり、世界の有名シェフも教えに来られるよう自治体、政府を挙げて料理のシリコンバレーを目指そうというのです。

それに対しルイスは「やりすぎだ。マドリードなら分かるが」と言い、僕も疑問は感じつつその徹底ぶりには驚きました。ルイスは、僕が伝統的バスク料理に浸っていた修業時代のアナログ的な大らかさ、余裕というものが現場から消え失せ、効率、技巧、利潤を追求するあまり、いったいどこの、だれの料理なのかわからなくなってきていると嘆きました。多くの人を惹きつけるための「料理の進化」が、大事にしてきたバスク料理の枠を飛び越えてしまい、とくに料理評論家が絶賛するメニューは機械なしにはできないものばかりで、本来目指していたものとは違った世界へと向うことに大変憂慮しています。

手間をかけ、丸2日間もかかる伝統的バスク料理の代表格「モンドンギリョ」が本場から姿を消して、函館のレストラン・バスクでしか味わえなくなるのも分かる気もします。

僕の料理は「メーカーの料理」だと思っています。材料を加工し、その素材に欠けている物を足していく。それに対して、素材そのものだけで完璧、という物を求め、世界中の情報を集める、こだわった素材にできるだけ手を加えないで素材の持ち味を食べてもらうというのは「流通の料理」だと思います。

２０１９年夏、「軽井沢ガストロノミーフォーラム」が行われ、主催者でスペイン料理文化アカデミー主宰の渡辺万里さんから、函館の世界料理学会のことを話してくださいと招待されました。SDGs（エス・ディー・ジーズ：国連で決めた「持続可能な開発目標Sustainable Development Goals」）もテーマにありましたので、僕は学会の説明をしたあとに、学生時代の恩師だった加藤先生たちとの写真をプロジェクターで映しながら当時のことを説明しました。公害やエコロジーを考えれば、どうしても素直にそのまま就職できなかったこと。機械を学んだのに、その機械に頼る仕事にさえ疑問を覚え、悩み苦しみ、のちに料理人なら持続可能な地球の循環の中で仕事ができるのではという考えに至ったこと。

そして、これまで料理人としてなにをやってきたのだろうかと。以前は世界料理学会でも技術論がメインでしたが、徐々に環境問題を提起する人々が現れてきて、魚の資源問題では、先の宮古での国際ガストロノミー会議で、フランスの有名シェフから「稀少魚種は使わない」とレストランを中心に皆に呼びかけているとの発言がありました。

僕も学生時代から考えていたことを話すきっかけができました。具体的には食料廃棄や魚の資源問題にも言及しました。雪が積もる前、店の裏にある小さな畑に穴を掘り、魚のだしをとった後の残渣とともに野菜くずを埋めます。春になり土を掘ると、それらはパサパサになっています。この畑でできた野菜は自家製の生ハムやアンチョビなどとともに一皿の料理になります。とれたてボラハと生ハムのソテー、とれたてキヌサヤとアンチョビの温かいサラダ仕立て、などなど。

素材は鮮度の良いものは内臓まで使い切ります。「鱈《たら》肝の白ワイン蒸し自家製ガルムを使ったビネグレットソースで」「鱈のエラのエスカベーチェ」などの写真を示しながら話しました。肉は、羊を丸ごと一頭買いして各部位にバラして無駄なく特徴を生かします。

たどり着いた僕の料理観とは、「料理とは、循環する生態系のなかで培われゆくもの」なのです。

函館の世界料理学会ではもっぱら行司役ですので、自ら相撲を取ることができませんでしたが、ようやく念願だった自分の料理に取り組む姿勢を発表できました。話し終えてから多くの方々に声をかけられ、理解していただけたことを実感しました。なかには「少しでいいからバスクで研修させてくれませんか」というシェフまで現れました。

美食の聖地に倣う

僕は紆余曲折を経ながらも料理人となり、スペイン、バスク文化に触発されながらこれまで歩んできました。今一度「美食世界一の街、サンセバスチャン」と称される所以を整理してみます。

① バスク語は非ヨーロッパの言葉であり、スペイン人（カスティーリャ人）とは違うとバスク人は思っている。他のスペイン（カタルーニャは別として）人はギターを片手にシエスタ（午睡）という、あまり働かないイメージだが、バスク人は勤勉で、身体を使うこと、スポーツを愛して、食べて飲むことを善しとしている。

② スペイン王室が長い間、サンセバスチャンを避暑地として使い、夏の3カ月ほどはマドリードの政治の中枢が滞在してお金が落ちた。とくに食事に熱心で、その際フランスから料理人が来てホテルなどで働き、その技術がバスク人に伝わり下地ができていた。

③ バスク地方の耕作面積は少なく、昔から国外に出ていく人が多かった。彼らの夢は成功して故郷に戻り、余生を過ごすことであった。そのためサンセバスチャンには金持ちの人が多く、星付きレストランにお金を使って支える層がいて、街を理想的な形にしようとした。

④ サンセバスチャンのあるギプスコア県はフランスとの国境にあり、製品を輸出しよ

うとする会社が工場を置き、スペインの中では一番所得が高かった。しかも高速道路が発達し、スペインでは国境付近だがヨーロッパ全体で見ると辺鄙なところではない。

⑤ルイス・イリサールがロンドン「ヒルトン・ホテル」の料理長などを経てバスクに戻り、サラウスに料理学校を開いた。それまで蓄えてきた知識のもとに若手料理人を育て、自分の理想を求めながら、料理人仲間と「ヌエバ・コッシナ・バスカ（新バスク料理）」運動を起こした彼は「バスク料理の父」と呼ばれている。この結果、街全体の食文化のレベルが上がった。

⑥バスク州の行政と料理人と観光協会が組織を作り、大きな力となって行動した。クルサールというコンベンションホールや4年制の料理大学、そして料理学会や古い建物の活かし方に国際映画祭も加わり、文化都市としてイメージアップされ、観光客や地元の人が満足できることを次々と行っている。

これらの要素が絡み合い、世界から注目される街が構築され、磨き上げられた美食文化を世界にアピールしてきました。

比べて南北に長い日本は、より多様で独自の食文化が各地域にあります。かの美食の聖地に倣い、料理人が社会と積極的に関わることで〝美味しい街〟が実現しようとしています。

サンセバスチャンの姉妹都市

レストラン・アル・ケッチァーノのオーナーシェフ、奥田政行さんから2018年の春に電話をいただきました。

「三重県の多気町から、山の中の広大な敷地にリトル・サンセバスチャンを造るという計画があり手伝ってくれませんかと言われたのですが、サンセバスチャンなら深谷さんだと思い電話しました。一度見に行きませんか？」

世界料理学会以前から親交のある奥田さんからだったので、早速行ってみることにしました。最初は三重県多気町と言われてもピンときませんでしたが、訪れてみると高校レストランで有名な相可高校があり、昔から薬草の産地としても知られていることもわかりました。近くには松阪牛で有名な松阪市や伊勢神宮があり、高速道路の要でもあって、名古屋、京都へは1時間半、大阪まで2時間という距離です。

そこに「食と健康」をテーマにした「アクア・イグニス・多気」という、滞在型複合施設の計画が、2020年末オープン予定で進められています。2017年には町長自らサンセバスチャンに乗り込み、当初は不可能とみられていた姉妹都市提携を結び、サンセバスチャンの市長も多気町を訪問されていました。

敷地面積およそ35万坪（東京ドームおよそ25個）、建物面積5千坪で、そこに薬草の温浴施設、和食の商業ゾーン、三重県の産直市場、奥田さんはじめ有名シェフのレストラン、パティシエの店と、三重大学と組んだ薬草園やオーガニック農園、旅籠屋、三重県産の木材を使ったホテル、そしてサンセバスチャンのバル街を真似た「リトル・サンセバスチャン」を目指すという壮大なリゾート計画です。

ホテルは山の斜面に沿って建ち、最上階にはサンセバスチャンの3つ星レストランアルサックと提携したレストランが設けられる予定です。そのスケール感にびっくりしましたが、これまで自分がやってきたことを考えると、函館にはない条件が揃っており、積極的に関わりたいと思いました。

2019年1月にサンセバスチャンに行ったとき、帰り際にルイスの娘ビシから「コージにみせたいものがある」といってホテルに駆けつけてくれました。

そこで僕に示されたのが、なんと「アクア・イグニス・多気」の計画書でした。ビシは日本に愛する自分の街ができることを興奮しながら嬉しそうに説明してくれ、あらためて僕がこの事業に参加できたことへの感謝と責任を感じました。

料理人にできること

これから先の日本社会は人口減少と共に、肉体労働をともなう現場では人手不足が深刻になっていくことが予想されます。すでに東京都心の24時間コンビニで働く人は、ほぼ外国人の姿ばかり。大手機械メーカーのある街では小学生の大半が外国人子女となっています。外国人労働者の受け入れに際し、法的な条件の緩和などを含め、きちんと態勢を整えねばなりませんが、交わることが苦手な日本人には容易なことではありません。1970年代、遠い東洋の島国からやって来た無謀な若者に信頼を寄せてくれたことは、どれだけその後の僕とサンセバスチャンとの絆を強めてくれたことでしょう。

修業時代は人並みに女性にも興味があり、フランス、スペイン、イタリア人とかをステキだと思って近づこうとしましたが結局無理でした。言葉の問題もあるけれど元来奥手です。まだ日本の古い道徳観念の残る1940年代生まれの人間なので、手を出したら結婚しなければと本心から思ってました。そうじゃない人もいましたが、周囲の人は同じ道徳観、価値観を強く抱いていました。日々働いて語学の勉強に追われ、異性と触れる機会のないまま、青春の時はあっという間に過ぎ去りました。

ただ料理人にとって一番大切な正直さ、愚直さが、ルイス・イリサールとサンセバスチャンとの縁を、その後もより深く結び付け、勤勉さは敬愛してやまないバスク人と共感共有できたと自負しています。

僕の半生は、求めたものには手が届かなかったかもしれませんが、必要なものは与えられてきました。孤立や失敗に怯えながらも、わずかでも前に進むことで乗り越えることができたのも、歓びも哀しみもシェアできる人がいたからでした。これからも料理人にできること、料理人だからこそ、できることの可能性を探りつづけたい。限りなく平和と幸福に満たされた美味なる時を求めて。

あとがき

「なぜ大学助手から料理人に？　なぜスペイン？　それもバスクなの？　なぜバル街や世界料理学会をやるの？」との問いに、いつかきちんと説明したいと思っていました。

料理は人を、人は料理を表すなら、料理は社会を、社会は料理を表すのではないでしょうか。そして、社会の機能を身体に例えるなら、都市は隅々まで血液を送るポンプ役の心臓であり、地方は毛細血管として細胞を活かしてこそ健康体でいられます。持続可能な社会のため、両者のバランスよい機能を発揮させるためにも食文化の構築は人と地域に潤いをもたらす鍵となるでしょう。

これまでに多くの人のお世話になりました。

1997年、レストラン・バスク主催で行った映画「自由と大地」の自主上映と記念シンポジウムに東京から駆けつけてくれた、スペイン内戦研究の第一人者、渡利三郎さんと大西旦さんから「本を出してみたら」と誘いを受けつつ、ぐずぐずしていたところに、幼稚園からの知恵袋である加納諄治君から背中を押されてのスタートでした。

Jefe Luis Irizar（私のシェフ・ルイス・イリサール）。いろいろな企画の力強いバックボーンになってくれたクラブ・ガストロノミー・バリアドスの仲間。バル街に時間と知恵と労働を提供してくれている仲間。世界料理学会を好奇心と情熱を持続しつづけることにより実現してきた仲間。スペインと函館のつながりを人生に重ね、大切にしている函館スペイン倶楽部の仲間。函館に男の快食倶楽部を実現した港の庵・ＩＯＲＩの仲間。そして僕が厨房を留守にして、ほかの仕事をしても安心して現場を任せられる伊藤博和君はじめスタッフあっての僕です。

原稿を持って悩んでいたとき「ぜひ出しましょう」といって尽力してくれた編集者の玉田馨さん、そして日頃から僕のデータ整理をしてくれている田村昌弘さんの支えによって上梓することができました。

あらためて、皆さんに心より感謝申し上げます。

拙著の構想を話したとき「わたしの絵も載せてくれたらうれしい」と完成を待ちながら最後まで僕より頭の良いまま亡くなった母に、またどんな状況下でも支えてくれた同志の寿美子に本書を捧げます。

深谷宏治

２０１９年夏

著者略歴

深谷宏治（ふかや　こうじ）

「レストラン・バスク」「ラ・コンチャ」（北海道・函館）のオーナーシェフ。

１９４７年　函館市に生まれる。

１９７０年　東京理科大学工学部卒業。

大学の研究室に助手として勤めた後、料理人を志す。

１９７５年　3月渡欧。11月スペイン・バスク州サンセバスチャンへ。

ルイス・イリサールのもとで修業を始める。

１９７７年　帰国。

１９８１年　「プティレストラン・バスク」オープン。

１９８５年　「レストラン・バスク」として移転・拡大オープン。

１９９８年　クラブ・ガストロノミー・バリアドス（函館）結成。同代表。

２００１年　「函館スペイン倶楽部」結成。同代表。

２００４年　「スペイン料理フォーラム in HAKODATE」、およびその前夜祭として

「バル街」開催。のちに「函館西部地区バル街」に。同実行委員会代表。

２００５年　祖父・仁佐吉が１９２１（大正10）年に深谷米穀店として建造した

旧家を活かし、スペイン風バルレストラン「ラ・コンチャ」オープン。

２００９年　「世界料理学会 in HAKODATE」初開催。同実行委員会代表。

２０１４年　ソシエダ「臥牛牛快食倶楽部」（函館）結成。同代表。

著書『スペイン料理―料理 料理場 料理人』（1999年、柴田書店）

ウェブサイト

函館西部地区バル街：http://www.bar-gai.com

世界料理学会 in HAKODATE：http://www.ryori-hakodate.net

レストラン・バスク：http://www.vascu.com

写真・資料　田村昌弘
スペイン語翻訳　阪上桃子
編集　玉田　馨
木村真季（柴田書店）

料理人にできること
美食の聖地サンセバスチャンからの伝言

初版印刷　２０１９年9月1日
初版発行　２０１９年9月15日

著者©　深谷宏治（ふかやこうじ）
発行人　丸山兼一
発行所　株式会社柴田書店
東京都文京区湯島３-26-9
イヤサカビル　〒１１３-８４７７
営業部０３-５８１６-８２８２（注文・問合せ）
書籍編集部　０３-５８１６-８２６０
URL http://www.shibatashoten.co.jp

印刷・製本　シナノ書籍印刷株式会社

ISBN 978-4-388-35356-9